CONTEÚDO DIGITAL PARA ALUNOS
Cadastre-se e transforme seus estudos em uma experiência única de aprendizado:

1 Entre na página de cadastro:
https://sistemas.editoradobrasil.com.br/cadastro

2 Além dos seus dados pessoais e dos dados de sua escola, adicione ao cadastro o código do aluno, que garantirá a exclusividade do seu ingresso à plataforma.

1727993A1744159

3 Depois, acesse:
https://leb.editoradobrasil.com.br/
e navegue pelos conteúdos digitais de sua coleção :D

Lembre-se de que esse código, pessoal e intransferível, é valido por um ano. Guarde-o com cuidado, pois é a única maneira de você acessar os conteúdos da plataforma.

CB037119

Editora do Brasil

BRINCANDO COM CIÊNCIAS

ORGANIZADORA: EDITORA DO BRASIL

2

ENSINO
FUNDAMENTAL

5ª EDIÇÃO
SÃO PAULO, 2020

Dados Internacionais de Catalogação na Publicação (CIP)
(Câmara Brasileira do Livro, SP, Brasil)

Brincando com ciências, 2 : ensino fundamental / organização Editora do Brasil. -- 5. ed. -- São Paulo : Editora do Brasil, 2020. -- (Brincando com)

ISBN 978-85-10-08288-4 (aluno)
ISBN 978-85-10-08289-1 (professor)

1. Ciências (Ensino fundamental) I. Série.

20-37190 CDD-372.35

Índices para catálogo sistemático:

1. Ciências : Ensino fundamental   372.35

Maria Alice Ferreira - Bibliotecária - CRB-8/7964

© Editora do Brasil S.A., 2020
Todos os direitos reservados

Direção-geral: Vicente Tortamano Avanso

Direção editorial: Felipe Ramos Poletti
Gerência editorial: Erika Caldin
Supervisão de arte: Andrea Melo
Supervisão de editoração: Abdonildo José de Lima Santos
Supervisão de revisão: Dora Helena Feres
Supervisão de iconografia: Léo Burgos
Supervisão de digital: Ethel Shuña Queiroz
Supervisão de controle de processos editoriais: Roseli Said
Supervisão de direitos autorais: Marilisa Bertolone Mendes

Supervisão editorial: Angela Sillos
Edição: Erika Maria de Jesus e Vinicius Leonardo Biffi
Assistência editorial: Rafael Vieira e Sandra Martins de Freitas
Auxílio editorial: Luana Agostini
Especialista em copidesque e revisão: Elaine Silva
Copidesque: Gisélia Costa, Ricardo Liberal e Sylmara Beletti
Revisão: Amanda Cabral, Andréia Andrade, Fernanda Almeida, Fernanda Sanchez, Flávia Gonçalves, Gabriel Ornelas, Jonathan Busato, Mariana Paixão, Martin Gonçalves e Rosani Andreani
Pesquisa iconográfica: Léo Burgos e Ênio Lopes
Assistência de arte: Leticia Santos
Design gráfico: Andrea Melo e Regiane Santana
Capa: Andrea Melo
Edição de arte: Patrícia Lino
Imagem de capa: Nicolas Viotto
Ilustrações: Anderson Cássio, André Padua, Avalone e Camila de Godoy
Produção cartográfica: DAE (Departamento de Arte e Editoração)
Editoração eletrônica: Gilvan Alves e José Anderson Campos
Licenciamentos de textos: Cinthya Utiyama, Jennifer Xavier, Paula Harue Tozaki e Renata Garbellini
Controle de processos editoriais: Bruna Alves, Carlos Nunes, Rita Poliane, Terezinha de Fátima Oliveira e Valéria Alves

5ª Edição / 4ª Impressão, 2023
Impresso na Gráfica Elyon

Rua Conselheiro Nébias, 887
São Paulo, SP – CEP: 01203-001
Fone: +55 11 3226-0211
www.editoradobrasil.com.br

APRESENTAÇÃO

Querido aluno,

Este livro foi escrito especialmente para você, pensando em seu aprendizado e nas muitas conquistas que virão em seu futuro!

Ele será um grande apoio na busca do conhecimento. Utilize-o para aprender cada vez mais na companhia de professores, colegas e de outras pessoas de sua convivência.

Estudar Ciências é valorizar a vida, a natureza e compreender um pouco melhor o universo em que vivemos.

Aproveite as informações e as atividades deste livro para fazer do mundo um lugar cada vez melhor!

Com carinho,
Editora do Brasil

SUMÁRIO

VAMOS BRINCAR 7

Unidade 1 – Os seres humanos 12
- Somos iguais e somos diferentes 12
- O grupo dos humanos 13
- A diversidade humana 14
- **Pequeno cidadão** – A Bela e a Fera 16
- O esqueleto e os músculos 17
- Articulações 18
- Alguns órgãos do corpo humano 22
- Fases da vida 24

Unidade 2 – Interagindo com o ambiente 28
- Percebendo o mundo 28
- Os sentidos e seus órgãos 29
- Visão 29
- **Pequeno cidadão** – A importância dos óculos 32
- Audição 33
- Olfato 37
- Gustação 39
- Tato 41

Unidade 3 – Alimentação 44
- A importância dos alimentos 44
- Cuidados com a alimentação 45
- Os nutrientes dos alimentos 47
- De onde vêm os alimentos? 49
- Alimentos naturais e processados 51

Unidade 4 – Preservando sua saúde 54
- Cuidando do corpo 54
- Hábitos de higiene 55
- Higiene com os alimentos 58
- Outros hábitos saudáveis 59
- Perigos no ambiente 61
- Cuidado com as intoxicações! 64

Unidade 5 – O planeta Terra e o Sol 66
- A duração do dia 66

Dia e noite 67
Mitologia indígena 68
O movimento de rotação da Terra 69
Luz e sombras 72
A produção da sombra 74
Opacos, translúcidos e transparentes 75
O Sol e as sombras 77

Unidade 6 – As plantas 80
De que as plantas precisam para viver? ... 80
As plantas são seres vivos 81
Onde as plantas vivem? 81
Plantas cultivadas pelo ser humano 83
Partes da planta 85
Reprodução das plantas 87
O uso das plantas 90
As plantas produzem o próprio alimento 94

Unidade 7 – Os animais 98
Diferentes animais 98
Conhecendo os animais 99
Locomoção dos animais 100
Cobertura do corpo dos animais 100
Os animais e seu hábitat 103
A alimentação dos animais 105
O desenvolvimento dos animais 109
Animais silvestres e animais domesticados 114
Animais ameaçados de extinção 115
Pequeno cidadão – Nossa relação com os animais 117

Unidade 8 – Características dos materiais 118
Os materiais são diferentes 118
Os materiais e seus usos 119
Materiais naturais e materiais artificiais 123
Conhecendo materiais naturais 124
Conhecendo materiais artificiais 126
Objetos de ontem e de hoje 134

BRINQUE MAIS 140

VAMOS BRINCAR

1 Veja a sequência das atividades ao lado. São práticas para termos boa saúde.

lavar as mãos → alimentar-se bem → dormir → brincar → beber água → usar roupas limpas → escovar os dentes → fazer atividade física → tomar banho

Marque no diagrama a seguir a mesma sequência acima. Mas, atenção: passe apenas uma vez em cada imagem!

2 As frutas têm nutrientes essenciais para o corpo e devem fazer parte da alimentação diária.

a) Encontre e destaque o nome de sete frutas no diagrama de palavras a seguir. Abaixo há algumas dicas.

S	Z	G	U	Q	M	R	E	D	A	S	R	Q	A	S	J	V	M
I	R	J	G	F	A	T	I	U	I	Y	Z	O	V	X	M	N	O
F	T	D	B	K	N	J	O	I	D	Z	Y	A	S	P	R	C	C
O	J	R	N	O	G	K	N	M	H	X	H	B	R	U	O	Q	A
T	I	T	K	L	A	L	B	A	K	H	F	A	P	R	V	N	J
U	V	Y	L	R	N	Q	L	E	L	F	X	C	G	K	L	R	U
V	B	U	A	A	J	I	K	O	Q	E	T	A	B	M	B	Z	T
A	M	P	L	A	R	A	N	J	A	P	O	X	S	V	A	R	N
T	O	X	P	X	O	F	J	P	N	J	M	I	A	K	N	M	X
L	L	V	Z	T	P	Z	A	N	E	T	B	E	T	N	A	I	Z
O	P	N	C	M	A	D	S	X	S	S	U	Q	N	X	N	U	D
X	A	M	V	X	M	G	Q	C	Y	O	R	S	B	N	A	O	Q
K	O	Q	B	M	A	Ç	Ã	O	B	J	T	K	L	Z	R	A	S

b) Eu encontrei as frutas:

_____

3 Nós, seres humanos, retiramos recursos da natureza para viver.

Pinte a cena e depois desembaralhe as letras para encontrar nomes de recursos naturais.

a) O S L O _____

b) A Á U G _____

c) R A _____

d) O L S _____

4 Ligue cada adivinha à imagem correspondente à resposta correta.

O que é, o que é?
Tem escama, mas não é peixe, tem coroa mas não é rei.

O que é, o que é?
Quanto mais ela cresce, menos a gente vê.

O que é, o que é?
É verde como o mato e mato não é, fala como gente e gente não é.

O que é, o que é?
É um pássaro brasileiro e seu nome de trás para frente é igual.

O que é, o que é?
Quando estamos em pé, ele está deitado.
Quando estamos deitados, ele está em pé.

O que é, o que é?
Tem cauda, mas não é cão, não tem asas e sabe voar.
Se o largam, ele não sobe, sai ao vento para brincar.

papagaio

papagaio ou pipa

abacaxi

pé

escuridão

arara

5 Há animais silvestres e animais domesticados. Siga as etapas da dobradura e descubra se é um animal doméstico ou silvestre.

O professor fornecerá cola e dois pedaços quadrados de papel-espelho preto. Faça os olhos à parte.

Etapa 1

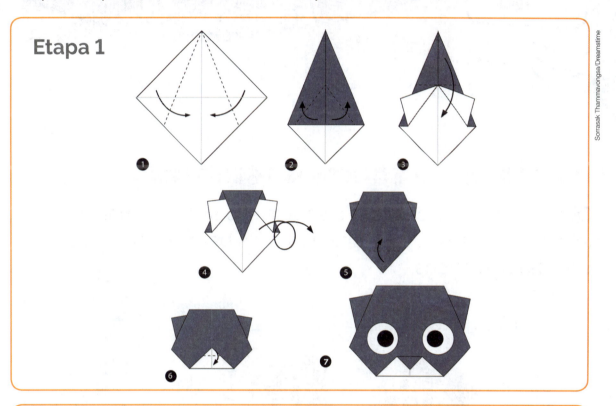

Etapa 2

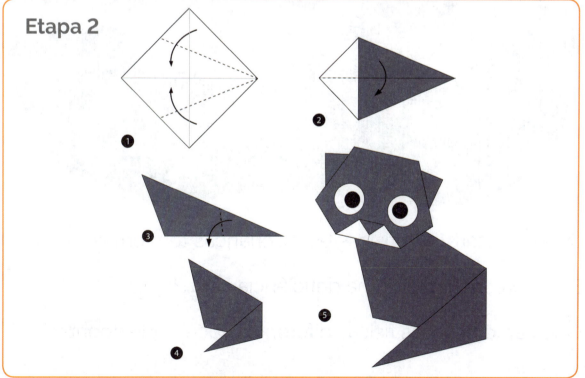

UNIDADE 1 — OS SERES HUMANOS

Somos iguais e somos diferentes

Observe as duas crianças a seguir: são seres humanos. Há semelhanças entre elas. Se observarmos bem, veremos que também há diferenças.

Lucas Busatto

1. Que características físicas essas crianças têm em comum?
2. Eles apresentam alguma deficiência física?
3. Que características físicas diferentes você pode apontar?

O grupo dos humanos

Os seres humanos formam um grupo único entre os seres vivos. Outros animais também formam grupos, como baleias, elefantes e leões. Chamamos esses grupos de espécies.

Cada espécie tem características próprias. Observe as imagens a seguir.

Os seres humanos têm muitas semelhanças entre si. Eles têm olhos, boca, nariz, orelhas, boca, tronco e membros. No entanto, somos também diferentes uns dos outros. Características físicas como cor de cabelo, cor de pele e altura variam de pessoa para pessoa.

As diferenças e semelhanças entre as pessoas tornam cada indivíduo único.

ATIVIDADES

1. Analise a imagem dos seres vivos a seguir. Depois, responda às questões.

Ser humano.

Formiga.

a) Qual ser vivo tem cabeça com olhos e boca, bem como membros ao longo do corpo?

_____

b) Qual ser vivo respira o ar e precisa se alimentar para sobreviver?

_____

c) Qual ser vivo fica em pé e anda sobre as duas pernas?

_____

A diversidade humana

Assim como a aparência física, as pessoas podem ter outras características semelhantes ou diferentes, como a voz, o modo de falar, o temperamento e as preferências.

Veja, neste exemplo, os amigos Lucas e Júlia.

O que eles têm em comum:
- gostam de animais de estimação;
- gostam de ajudar outras pessoas;
- adoram praticar esportes.

As diferenças entre eles:
- Lucas geralmente é calmo e falante. Ele gosta de ler, jogar *video game* e conversar com as pessoas;
- Júlia é mais agitada. Ela gosta de jogar bola, andar de bicicleta e se esforça para ser atenciosa com as pessoas.

Lucas e Júlia são grandes companheiros.

Se olharmos em volta, veremos que as pessoas têm características muito diferentes umas das outras. Isso se chama diversidade.

Todos nós queremos ser respeitados, por isso devemos respeitar todas as pessoas independentemente de suas características.

ATIVIDADES

1 Escolha a palavra adequada e preencha as lacunas.

> brincadeira   igual   diversidade   únicos

a) Ninguém é _____ a ninguém. Somos _____.

b) Enzo gosta de praticar esporte, e Maria Eduarda gosta de jogar *video game*. Cada dia, um deles escolhe a _____.

c) A _____ deve ser respeitada.

2 Converse com um colega e escreva informações sobre vocês.

Seu nome: _____.

Nome do colega: _____

Uma característica física em que vocês são parecidos:

_____.

Uma característica física em que são diferentes:

_____.

Um gosto em comum:

_____.

Um gosto muito diferente:

_____.

PEQUENO CIDADÃO

A Bela e a Fera

Era uma vez um camponês que tinha uma filha amorosa, generosa e tão bonita que seu nome era Bela. Certa vez, ele teve de fazer uma viagem.

Durante a jornada, o pai se perdeu e chegou a um castelo que tinha um lindo jardim. Ele resolveu colher uma rosa para dar de presente a Bela. O dono do castelo ficou furioso com aquela atitude – ele era um monstro enorme. A Fera, então, fez do pai seu prisioneiro.

Ao saber do acontecido, Bela se ofereceu para ficar prisioneira no lugar do pai. Com o tempo, a Fera apaixonou-se por Bela e passou a tratá-la muito bem. Ela também passou a gostar do monstro, mas a aparência medonha a assustava e a impedia de admitir seu amor por ele.

No entanto, quando o monstro ficou doente, ela não conseguiu mais esconder o afeto que sentia e confessou que o amava. Esse ato fez quebrar o encanto que o mantinha daquela forma. Nesse momento, a Fera transformou-se em um príncipe, eles se casaram e foram muito felizes.

Adaptação do conto de Gabrielle-Suzanne Barbot, escrita especialmente para esta obra.

1 Que lição o conto nos ensina a respeito de julgar as pessoas pela aparência delas?

O esqueleto e os músculos

Nosso corpo está sempre em movimento. Alguns desses movimentos são feitos sem que os controlemos. Por exemplo, cada vez que respiramos nosso tórax se expande e se contrai.

Outros movimentos nós decidimos fazer, como andar, falar e escrever.

Tudo isso só é possível porque no interior do corpo há um conjunto de ossos e músculos que sustentam o corpo e possibilitam sua movimentação.

Esquema com concepção artística dos elementos, sem reproduzir cores naturais e sem escala.

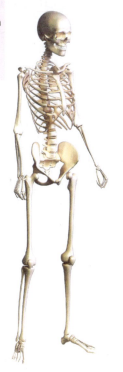
Esqueleto humano.

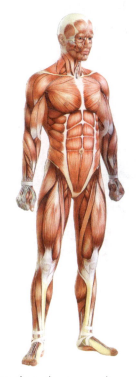
Músculos do corpo humano.

Ser humano.

O esqueleto humano é formado por um conjunto de ossos, partes duras que ficam dentro do corpo. Ele sustenta o corpo e possibilita a movimentação dele.

Uma parte dos músculos do corpo humano está ligada aos ossos e ajuda a movimentação do corpo. Quando nos movimentamos, são os músculos que puxam os ossos.

Articulações

Apalpe seus braços e suas mãos. Você percebeu as partes duras dentro deles? Essas partes são os ossos.

Se os ossos são duros, como conseguimos dobrar os braços e as pernas sem quebrá-los?

Isso é possível porque há articulações entre os ossos, isto é, eles permanecem unidos por **ligamentos** e podem dobrar, como se fossem dobradiças de uma porta.

GLOSSÁRIO

Ligamento: tipo de cordão que junta dois ossos, feito de material produzido por nosso organismo.

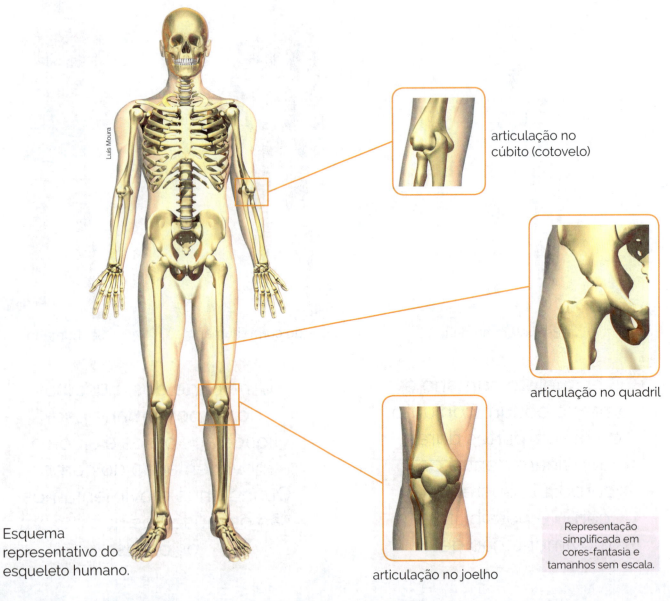

articulação no cúbito (cotovelo)

articulação no quadril

articulação no joelho

Esquema representativo do esqueleto humano.

Representação simplificada em cores-fantasia e tamanhos sem escala.

BRINCANDO DE CIENTISTA

Modelo de movimentação do cotovelo

Material:
- 2 palitos de sorvete;
- 3 tachinhas;
- 1 elástico pequeno.

ATENÇÃO!
Peça ao professor que coloque as tachinhas nos palitos.

Modo de fazer

1. Com a ajuda do professor, prenda um palito no outro com uma tachinha, formando um L. Deixe uma folga para que os palitos possam ser movidos.
2. Em um dos palitos, coloque outra tachinha a cerca de 4 cm da junção dos palitos. Não aperte demais a tachinha.
3. Faça a mesma coisa com o outro palito na horizontal.
4. Coloque o elástico entre as tachinhas e os palitos, como mostrado na ilustração.
5. Movimente os palitos, que imitam uma articulação, e observe o que acontece com os palitos e o elástico.

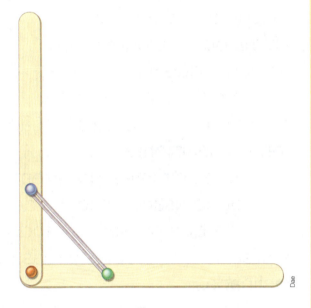

Agora, responda: Nesse modelo de articulação, o que representam:

- os palitos? _____
- a tachinha central? _____
- o elástico? _____

 **SAIBA MAIS**

Mobilidade reduzida

Pessoa com mobilidade reduzida é aquela que não consegue se deslocar com facilidade de um lugar para outro. Ela pode ter essa dificuldade por ter sido vítima de uma doença ou acidente que limitou seus movimentos, ter nascido assim ou estar nessa situação temporariamente.

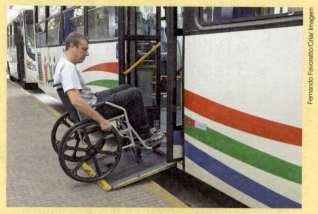
Cadeirante desloca-se em rampa inclinada de ônibus, uma adaptação que facilita a vida das pessoas com mobilidade reduzida.

Os cadeirantes, por exemplo, deslocam-se de um lugar para outro usando cadeira de rodas.

Para que possam ir a todos os lugares com independência, é preciso que prédios e ruas tenham adaptações, como rampas inclinadas.

Pessoas com mais de 60 anos, gestantes e pessoas com criança de colo também são consideradas com mobilidade reduzida.

Você já viu os símbolos abaixo? Sabe o que significam?

uso de prótese nos membros | grávida | cadeirante | uso de andador | pessoa com criança de colo | uso de muleta | uso de bengala

ATIVIDADES

1 Complete as frases com as palavras corretas.

a) Os _____ são partes duras que sustentam o corpo.

b) Os _____ puxam os ossos para fazer o movimento.

c) É por causa das _____ que as partes do corpo se dobram.

2 Os exercícios físicos são importantes para o desenvolvimento saudável do corpo. Veja a imagem de uma menina se exercitando e, depois, faça o que se pede.

a) Escreva o nome das partes do corpo indicadas.

b) Marque com **X** os locais do corpo dela em que há articulações.

Alguns órgãos do corpo humano

No interior do corpo humano há vários órgãos. Eles trabalham juntos para que nosso organismo funcione bem e continue vivo.

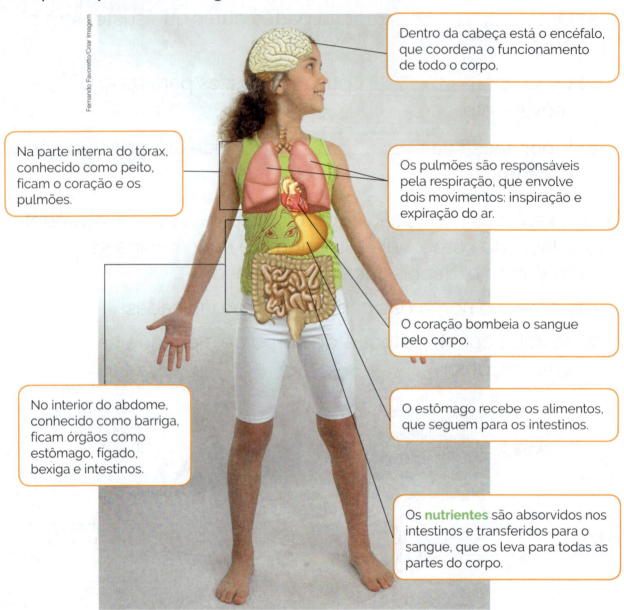

Dentro da cabeça está o encéfalo, que coordena o funcionamento de todo o corpo.

Na parte interna do tórax, conhecido como peito, ficam o coração e os pulmões.

Os pulmões são responsáveis pela respiração, que envolve dois movimentos: inspiração e expiração do ar.

O coração bombeia o sangue pelo corpo.

No interior do abdome, conhecido como barriga, ficam órgãos como estômago, fígado, bexiga e intestinos.

O estômago recebe os alimentos, que seguem para os intestinos.

Os **nutrientes** são absorvidos nos intestinos e transferidos para o sangue, que os leva para todas as partes do corpo.

As cores e as proporções entre as estruturas representadas não são as reais.

 **GLOSSÁRIO**

Nutriente: substância presente nos alimentos necessária para o crescimento e o funcionamento do corpo humano e do corpo dos demais seres vivos.

ATIVIDADES

1 Encontre no diagrama de palavras o nome de sete órgãos internos do corpo.

T	O	I	C	O	R	A	Ç	Ã	O
L	O	K	E	B	E	X	I	G	A
P	U	L	M	Ã	O	U	B	L	P
S	I	E	N	C	É	F	A	L	O
F	Í	G	A	D	O	N	D	S	R
R	W	E	S	T	Ô	M	A	G	O
I	N	T	E	S	T	I	N	O	O

2 Escreva em cada imagem o número que corresponde ao nome do órgão em destaque.

1. cérebro   **2.** coração   **3.** estômago e intestino

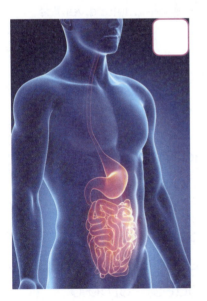
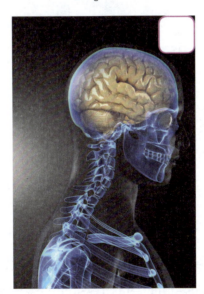
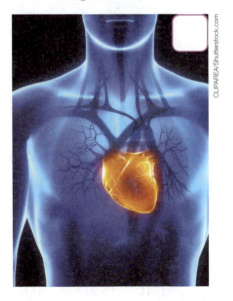

3 Complete a frase com **rápidos** ou **lentos**.

■ Quando corremos, os batimentos de nosso coração ficam mais _____.

Fases da vida

Quando você nasceu, era bem diferente do que é agora, não é? Um bebê quando nasce não sabe andar nem falar e depende de outras pessoas para se alimentar. Conforme o tempo passa, ele vai se desenvolvendo: um dia será adolescente, depois adulto e, por fim, idoso.

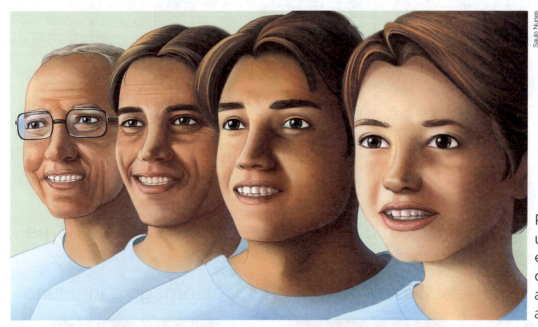

Representação de uma mesma pessoa em diferentes fases da vida: infância, adolescência, idade adulta e velhice.

Veja a seguir quais são as **fases da vida**.

- **Infância:** vai do nascimento até cerca de 12 anos de idade. Nela estão os bebês e as crianças, que dependem muito do cuidado dos adultos.
- **Adolescência:** entre 12 e 20 anos, aproximadamente. Nessa fase ocorrem muitas mudanças no corpo e no modo de agir das pessoas.
- **Idade adulta:** entre 20 e 60 anos. Nessa fase o esqueleto das pessoas para de crescer. Elas tornam-se independentes, muitas têm filhos e assumem responsabilidades, como o sustento da família.
- **Velhice:** a partir de 60 anos. As pessoas nessa fase têm muita experiência de vida. Precisam cuidar mais da saúde, pois o corpo está mais frágil.

ATIVIDADES

1 As imagens representam fases da vida de uma pessoa. Numere-as de 1 a 4, na ordem em que ocorrem.

2 Observe os personagens da imagem e converse com os colegas sobre as questões a seguir.

a) O que essa imagem representa?

_____

_____

b) Em qual das fases de vida mostradas na imagem cada pessoa de sua família está?

_____

PESQUISANDO

Nas atividades a seguir, você vai pesquisar informações ou imagens seguindo as orientações do professor.

1) Procure saber qual era seu peso e sua altura quando você nasceu. Escreva essas informações na tabela abaixo.

Característica	Medida ao nascer	Medida atual
Peso		
Altura		

2) Escreva o nome do instrumento usado para medir:

a) peso (massa):

_____

b) altura:

_____

3) Pesquise em jornais e revistas fotografias de duas pessoas parecidas com as de sua família (pais, irmãos, avós, tios, primos) ou das pessoas com quem você convive.

- Recorte essas imagens e cole-as em uma folha de papel sulfite.
- Escreva abaixo de cada fotografia o nome da pessoa, o grau de parentesco e a fase de vida em que ela está.
- Com o professor e os colegas, prenda os trabalhos em local apropriado da escola para que todos possam observá-los.

Observe um exemplo de cartaz.

BRINCANDO

1 Passou um furacão pelo laboratório da escola de João! Ajude-o a encontrar as partes espalhadas do esqueleto humano e, depois, circule-as.

UNIDADE 2
INTERAGINDO COM O AMBIENTE

Percebendo o mundo

A todo momento você interage com o ambiente. Isso é possível porque você tem meios de perceber o que acontece a seu redor.

- Descreva o que a pele dela está sentindo.
- Que som ela está ouvindo?
- O que ela está vendo?
- Hum... Este cheiro é de...
- Que gosto ela irá sentir?

- O que seus sentidos estão informando a você neste exato momento?

Os sentidos e seus órgãos

Os seres humanos têm cinco sentidos, que possibilitam sentir o ambiente ao redor: **visão**, **audição**, **olfato**, **gustação** e **tato**.

A cada sentido corresponde um órgão. Os órgãos são: **olhos**, **orelhas**, **nariz**, **língua** e **pele**.

Agora, você conhecerá melhor esses órgãos e os sentidos.

Visão

É com o sentido da visão que enxergamos as pessoas, o céu, as plantas e percebemos até mesmo os perigos que nos cercam.

Os olhos são os órgãos da visão. O formato, o tamanho e a cor dos olhos costumam variar de pessoa para pessoa.

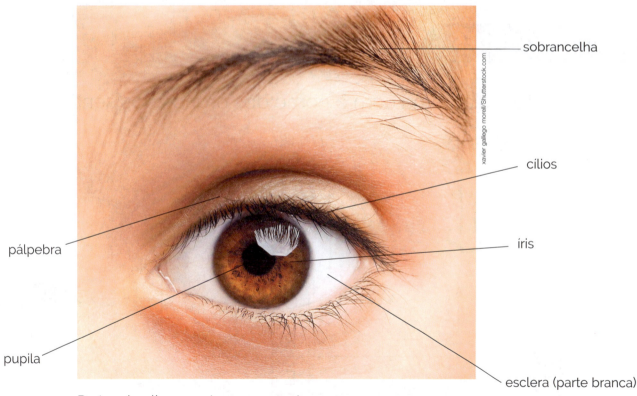

Partes do olho e partes que o protegem.

Os cílios, a sobrancelha e a pálpebra não fazem parte do olho, mas o protegem.

Cuidados com a visão

- Não esfregue os olhos; se eles coçarem, lave-os com água limpa e fria.
- Nunca coloque as mãos sujas nos olhos.
- Leia somente em lugares bem iluminados.
- Não veja televisão no escuro ou muito perto da tela.
- Nunca olhe diretamente para o Sol ou para a luz forte.
- Vá ao médico que cuida dos olhos periodicamente.

Para enxergar, é preciso haver luz no ambiente.

1. Complete o diagrama com o nome dos órgãos dos sentidos.

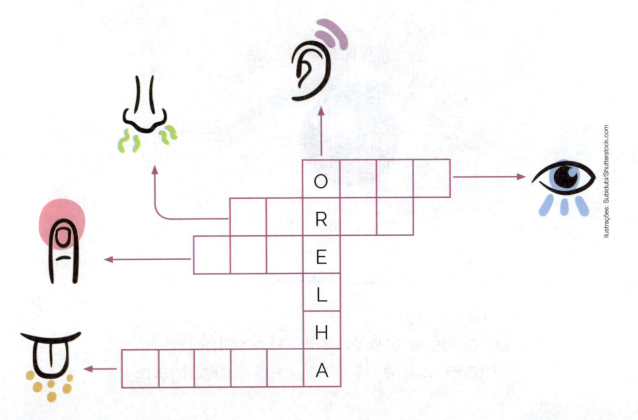

2 Escreva abaixo de cada imagem o nome do principal sentido que está sendo usado.

_____ _____ _____

_____ _____

3 Ligue cada imagem à legenda que corresponde a ela.

 Nunca coce os olhos; lave-os com água limpa e fria.

Nunca coloque as mãos sujas nos olhos.

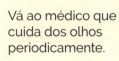 Leia somente em lugares bem iluminados.

Vá ao médico que cuida dos olhos periodicamente.

4 Complete as lacunas com a palavra correta.

- Nunca olhe diretamente para o _____ ou para a _____ forte.

A importância dos óculos

Muitas pessoas não conseguem enxergar bem objetos que estão próximos delas; outras têm dificuldade de enxergar objetos que estão distantes. O uso de óculos ajuda essas pessoas a enxergar melhor.

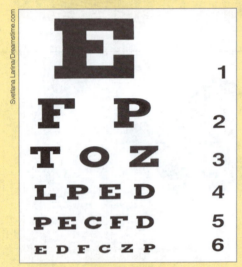
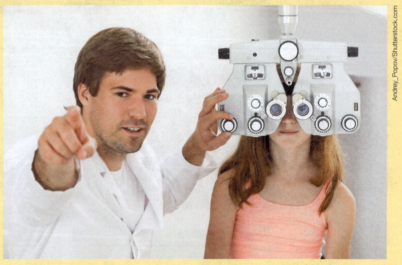

Todas as pessoas devem consultar periodicamente um médico oftalmologista, que é o especialista em olhos. Cuidar dos olhos é muito importante!

No entanto, não se deve usar óculos ou pingar colírio nos olhos sem receita médica, pois pode ser perigoso.

Os sintomas a seguir podem indicar que a pessoa está precisando ir ao oftalmologista, e talvez esteja precisando usar óculos.

- Você sente dor ou coceira nos olhos ou fica com os olhos vermelhos no final da aula ou depois de fazer a lição de casa?
- Consegue enxergar com dificuldade o que está escrito nos livros e o que a professora escreveu na lousa?

1. Forme um grupo com colegas e, juntos, elaborem um panfleto de conscientização sobre a necessidade de cuidar da saúde dos olhos.

Audição

O sentido da audição nos possibilita ouvir os sons ao redor, como o trovão, a buzina dos carros e a voz das pessoas.

As orelhas são os órgãos da audição.

Ouvimos os sons por meio das orelhas.

Cuidados com a audição

- Limpe as orelhas com a ajuda de um adulto. Não utilize objetos pontiagudos, nem mesmo hastes flexíveis.
- Não ouça som em volume alto, pois com o tempo isso pode prejudicar sua audição e até mesmo causar **surdez**.
- Vá ao médico especialista em orelhas sempre caso sinta dor ou dificuldade de ouvir.

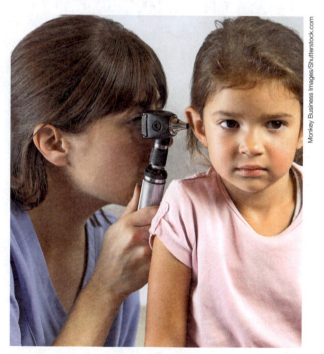

Médica examinando a orelha de paciente.

 **GLOSSÁRIO**

Surdez ou deficiência auditiva: situação em que a pessoa ouve pouco ou não consegue ouvir som algum.

A comunicação por Libras

Os surdos ou deficientes auditivos são pessoas com perda total ou quase total da audição. Alguns aparelhos possibilitam que grande parte deles volte a ouvir.

Para se comunicar, os surdos podem aprender a ler os lábios da pessoa com quem estão falando ou a Língua Brasileira de Sinais (Libras). Vamos conhecer um pouco dessa língua?

Que tal comunicar seu nome aos colegas usando esses sinais?

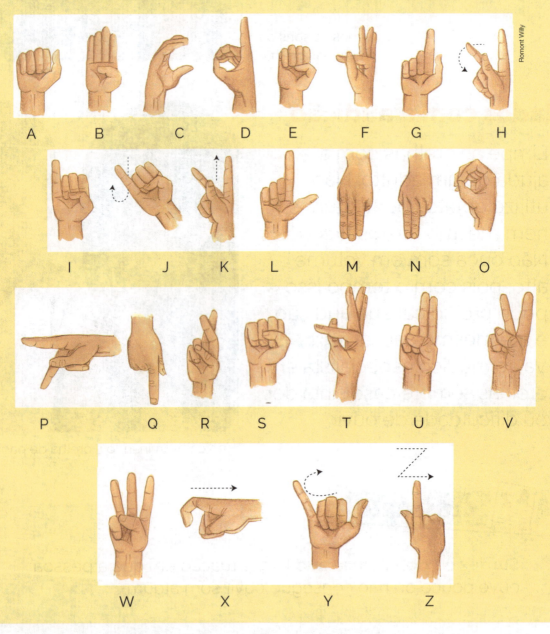

BRINCANDO DE CIENTISTA

Telefone de brinquedo

Material:
- cerca de 10 metros de barbante;
- dois palitos;
- dois copos plásticos resistentes, como copos de iogurte.

Modo de fazer

1. Peça a um adulto que fure no centro o fundo dos copos plásticos com um prego, garantindo que o barbante passe através dele.
2. Passe o barbante pelo furo de um dos copos, de fora para dentro.
3. Amarre um palito na ponta do barbante que está dentro do copo.

Ilustrações: Saulo Nunes

4. Faça a mesma coisa com o outro copo.

Pronto! Agora convide um colega para conversar. Tomem distância um do outro de modo que o fio fique bem esticado.

ATIVIDADES

1 Acompanhe as situações a seguir e indique o que as pessoas estão ouvindo.

a)

_____

c)

_____

b)

_____

d)

_____

2 Observe as imagens a seguir.

a)

b)

- Que imagem mostra uma ação que pode prejudicar a saúde? Justifique sua resposta.

Olfato

O olfato nos possibilita sentir os cheiros. Alguns cheiros são agradáveis, outros nem tanto. Há, ainda, cheiros que nos alertam dos perigos, como o odor de um alimento estragado, que pode prejudicar a saúde se for ingerido.

O nariz é o órgão do olfato.

Essas aberturas são as narinas. Dentro delas há pelos e mucosa que protegem o nariz da poeira e de seres vivos muito pequenos (microrganismos) que ficam no ar.

Cuidados com o olfato

- Evite que o nariz fique sujo, principalmente quando você estiver resfriado. Limpe-o com um lenço de papel descartável.
- Mantenha os lugares que você frequenta limpos e livres de poeira.
- Não ponha o dedo nem objetos no nariz.
- Não cheire tudo aquilo que você vê. Algumas substâncias podem causar irritação ou alergia.

Mantenha o nariz limpo usando um lenço de papel.

SAIBA MAIS

O espirro

Por meio do espirro, eliminamos muitas sujeiras do nariz. Por isso, não segure o espirro.

Quando espirrar, cubra o nariz e a boca com um lenço de papel descartável ou com a parte interna do braço. Logo em seguida, lave as mãos com sabão e água corrente.

ATIVIDADES

1 Relacione cada imagem com o texto correto.

a)

b)

☐ Hum... que cheiro maravilhoso!

☐ Hum... realmente está horrível!

2 Que cuidados devemos ter com o nariz? Pinte somente os itens com respostas certas.

☐ Limpar o nariz com lenço de papel descartável.

☐ Limpar o nariz com o dedo.

☐ Não cheirar tudo o que vemos

Gustação

A gustação é o sentido que nos possibilita sentir o gosto dos alimentos.

A língua é o órgão da gustação. Ela identifica o gosto por meio de saliências chamadas papilas linguais.

A língua nos ajuda também a falar e a ingerir, ou seja, a comer os alimentos.

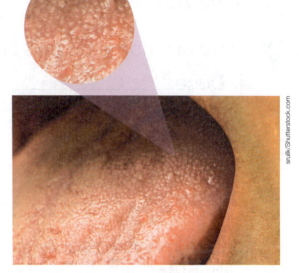

As saliências na língua são chamadas de papilas linguais.

Cuidados com a gustação

- Evite comer alimentos muito quentes, pois podem queimar a língua e a boca.
- Ao escovar os dentes, escove também a língua.
- Não coloque substâncias desconhecidas ou tóxicas na boca.

 SAIBA MAIS

O sabor dos alimentos

Para sentirmos com mais intensidade o sabor dos alimentos, os sentidos paladar e olfato trabalham juntos.

Quando estamos resfriados, com o nariz entupido, nosso olfato fica prejudicado e não conseguimos sentir muito os cheiros. Assim, a comida parece ficar sem gosto.

Sentimos o gosto pela língua.

ATIVIDADES

1 Escreva o nome de dois alimentos com os gostos a seguir.

a) Doce: _____

b) Salgado: _____

c) Azedo: _____

d) Amargo: _____

2 Circule os órgãos que nos possibilitam sentir o sabor dos alimentos.

Eduardo Belmiro

 BRINCANDO DE CIENTISTA

A influência do olfato no paladar

Material:
- frutas em pedaços pequenos;
- venda para olhos.

Modo de fazer

1. Um aluno por vez será vendado pelo professor.
2. Com os olhos vendados, tampe o nariz, prove um pedaço de cada fruta e diga o nome delas.
3. Após provar a última fruta, destampe o nariz e prove cada fruta novamente.

Agora responda:
- Em qual rodada você teve maior facilidade para identificar as frutas?

Tato

Pelo tato podemos perceber algumas características do ambiente: se algo é frio ou quente, liso ou áspero, molhado ou seco, macio ou resistente.

A pele, que cobre todo o corpo, é o órgão do tato.

Cuidados com a pele

- Tome banho todos os dias, evitando água muito quente.
- Use protetor solar.
- Evite tomar Sol entre 10 horas da manhã e 3 horas da tarde.
- Lave ferimentos leves com água limpa e sabão.

Com a pele, sentimos o pelo do cachorro.

! SAIBA MAIS

A melanina

A cor da pele, do cabelo e dos olhos dos seres humanos depende de uma substância chamada **melanina**, presente em nosso corpo. Quanto mais melanina houver, mais escura será a cor.

A melanina protege a pele dos raios do Sol. Por isso, pessoas de pele clara precisam se proteger mais.

Quando se expuser ao Sol, use sempre protetor solar.

ATIVIDADES

1 Faça um **X** na característica de cada item.

a) ☐ liso
☐ áspero

b) ☐ quente
☐ frio

2 Pinte os itens que mostram os cuidados que devemos ter com a pele.

☐ Tomar banho todos os dias.

☐ Usar protetor solar.

☐ Expor-se ao Sol entre 12 horas e 4 horas da tarde.

3 Cada verso do poema a seguir se refere a um sentido. Pinte os versos de acordo com o sentido citado em cada um deles. Use as cores da legenda.

visão 🟡   audição 🔵   olfato 🟤   gustação 🟣   tato 🟢

Meus cinco sentidos

Adoro o sabor da laranja,
seu cheiro é delicioso.
É tão bom ouvir uma história,
quando junto tem cafuné e carinho.
Sentir o cheirinho do bolo,
feito com o milho amarelinho,
E devorar um pedaço maciozinho...
É tão bom sentir o mundo!

Texto escrito especialmente para esta obra.

1 Ajude o menino a chegar à praça. Passe somente pelo caminho em que estão os órgãos dos sentidos.

UNIDADE 3
ALIMENTAÇÃO

A importância dos alimentos

Os alimentos fornecem nutrientes para o crescimento e o funcionamento de nosso corpo e energia para atividades como correr, brincar, estudar e até mesmo dormir.

Uma boa alimentação deve ser variada, ou seja, incluir alimentos diferentes, como frutas, verduras, legumes e grãos (arroz, feijão, milho, entre outros), carnes, leite e derivados.

Além disso, é importante tomar água ao longo do dia para manter-se hidratado.

Com os alimentos nós temos energia para todas as atividades!

Cuidados com a alimentação

O consumo de alguns tipos de alimentos deve ser controlado, porque podem fazer mal à saúde se forem consumidos em excesso.

São exemplos: bolachas recheadas, doces, como balas e chocolates, refrigerantes, frituras, como pastel e coxinha, *pizza* e hambúrguer.

Além disso, sozinhos esses alimentos não fornecem todos os nutrientes de que necessitamos.

Quais das refeições acima você faria todos os dias? Comente com os colegas e o professor.

Quando e quanto comer?

Além de comer alimentos saudáveis e na quantidade certa, é preciso fazer pelo menos três refeições ao dia – o café da manhã, o almoço e o jantar –, além de um lanche entre elas.

A quantidade de alimentos aconselhável é a suficiente para tirar a fome, isto é, nem pouca nem em excesso.

O café da manhã é uma refeição muito importante, por isso, não deixe de tomá-lo.

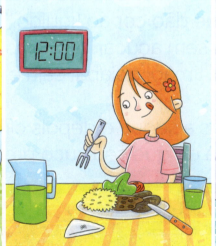

No almoço, consuma alimentos variados, como verduras, carnes e grãos (arroz e feijão).

No jantar, faça uma refeição mais leve, pois geralmente é a última do dia.

ATIVIDADES

1 Marque **X** nas afirmações corretas.

☐ Devemos comer muito.

☐ Nossa alimentação deve ser variada.

☐ Podemos comer muitos doces e beber bastante refrigerante, pois eles não fazem mal à saúde.

☐ Devemos fazer três refeições principais e um lanche entre elas.

2 Faça uma tabela no caderno com o que você geralmente come no café da manhã, almoço e jantar.

- Sua alimentação é saudável? Você acha que precisa mudar alguma coisa?

---

3 Leia o texto e depois faça o que se pede.

Os refrigerantes geralmente são fabricados com corantes, substâncias artificiais que dão cor ao líquido. Troque-os por sucos naturais, de preferência sem açúcar. Ajude as pessoas de sua casa a fazer sucos de laranja, limão, goiaba, caju e de outras frutas. Seu organismo agradece.

- Pinte os desenhos a seguir e depois circule aquele que representa a fruta de que seu suco preferido é feito.

Os nutrientes dos alimentos

Há alimentos que nos fornecem principalmente energia. Usamos essa energia para brincar, correr, pular, estudar e praticar esportes.

Mel.   Batata-doce.   Milho.   Azeite.

Outros alimentos contêm substâncias necessárias para o crescimento de nosso corpo: ossos, músculos, cabelos, unhas e pele.

Carne de boi.   Feijões.   Ovos.   Leite.

Há alimentos que regulam o funcionamento do corpo e ajudam a evitar doenças.

Tomate.   Uva.   Mamão.   Brócolis.

ATIVIDADES

1 Complete as lacunas com as palavras adequadas.

O consumo de _____ é fundamental para o corpo permanecer vivo e em desenvolvimento. Os alimentos fornecem _____ e substâncias importantes para o crescimento de _____, músculos, cabelos, _____, pele e também para a regulação do _____ do corpo.

BRINCANDO

1 Ajude Pedro a fazer uma refeição saudável. Para isso, leve-o à mesa correta traçando o caminho com um lápis.

De onde vêm os alimentos?

Você já pensou de onde vêm os alimentos?

Os alimentos podem ser de origem vegetal, animal ou mineral.

Os de origem vegetal são aqueles obtidos de plantas, como as frutas, os legumes e as verduras.

Plantação de alface.

Laranjal, terreno de cultivo de laranjas.

Os alimentos de origem animal são aqueles obtidos de animais, como a carne de boi e de peixes, os ovos e o leite.

Bois no pasto. Uma das carnes de que nos alimentamos é a do boi.

Os ovos podem ser obtidos das galinhas, entre outros animais.

Os alimentos de origem mineral são a água e o sal.

Água e sal.

ATIVIDADES

1 Escreva se o alimento é de origem animal, vegetal ou mineral.

a)

b)

c)

d)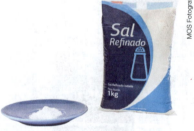

e)

f)

g)

h)

Alimentos naturais e processados

Os alimentos podem ser naturais ou processados (industrializados).

Os naturais são aqueles retirados direto da natureza para o consumo.

Peixe.　　　　　　　　　Pepino.　　　　　　　　　Kiwi.

Os alimentos processados são aqueles que passam por transformações em indústrias.

Macarrão.　　　　　　Suco processado.　　　　　Iogurte.

Em geral, os alimentos naturais são mais saudáveis do que os processados. Porém, os processados podem ser conservados por tempo maior do que os naturais.

SAIBA MAIS

Os alimentos têm data de validade

Na embalagem de todos os alimentos processados deve constar o prazo de validade deles. Esse prazo indica a data máxima em que o alimento deve ser consumido.

Indicação de fabricação e validade do produto.

ATIVIDADES

1) Escreva na tabela o nome dos alimentos que você come no café da manhã e preencha as colunas correspondentes.

Alimento	Origem (animal, vegetal ou mineral)	Processado ou natural

2) Circule os alimentos naturais e faça um **X** nos processados.

PESQUISANDO

1) Traga para a escola a embalagem de um produto processado para responder às perguntas.

a) Qual é o nome do alimento?

b) Qual é a data de fabricação?

c) Qual é a data de validade?

1 Pinte os pontos e descubra qual alimento está escondido.

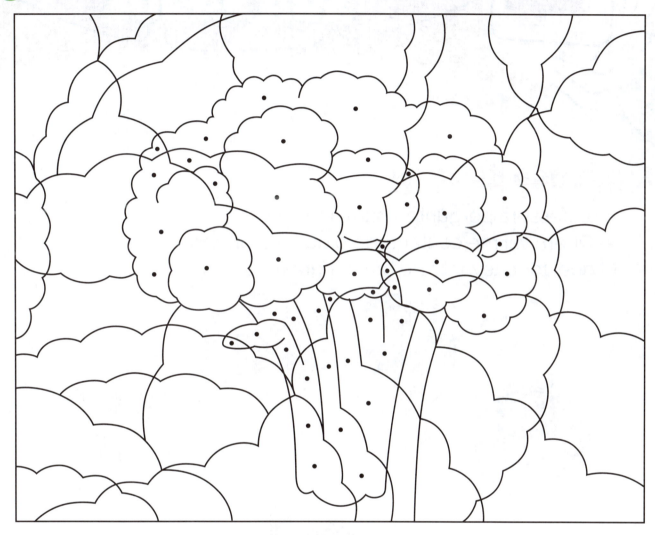

Agora, responda às questões.

a) Qual é o nome desse alimento?

_____

b) Qual é a origem desse alimento?

☐ Animal.   ☐ Vegetal.   ☐ Mineral.

c) Esse alimento é:

☐ natural.   ☐ processado.

UNIDADE 4
PRESERVANDO SUA SAÚDE

Cuidando do corpo

A professora perguntou para a turma:
— Quem vai me contar tudo o que fez ontem?
Miguel logo levantou o braço para responder.

- Você também faz essas atividades no dia a dia?
- Como essas atividades contribuem para a saúde?
- Que outras atividades você faz no seu dia a dia e considera que são boas para manter a saúde?

Hábitos de higiene

Hábitos de higiene são todas as atividades que nos mantêm saudáveis, como tomar banho e manter a casa limpa.

Essas atitudes evitam que nosso corpo entre em contato com seres muito pequenos, chamados microrganismos, que podem causar doenças.

Por que precisamos escovar os dentes?

Quando escovamos os dentes após as refeições, os restos de alimentos são retirados e a boca fica limpa.

Se não escovarmos os dentes, os resíduos de comida atrairão bactérias que podem provocar cáries.

As bactérias são microrganismos que se alimentam de restos de comida que ficam nos dentes.

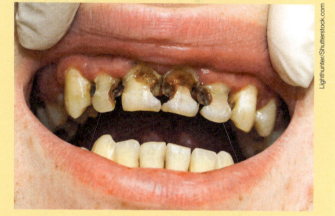

Dentes com cáries em estágio avançado.

A boa escovação dos dentes, o uso de fio dental e a visita ao dentista a cada seis meses são atitudes importantes para evitar cárie, que é o nome da deterioração ou apodrecimento do dente.

Se a cárie não for tratada, poderá atingir a polpa (nervo) do dente, causando infecção e dor. Nesses casos é preciso fazer um tratamento no canal do dente, evitando extraí-lo.

Você se lembra da última vez que foi ao dentista? Tem sentido dor de dente? Converse sobre o assunto com um adulto responsável por você.

Hábitos de higiene com o corpo

A saúde depende de como cuidamos de nosso corpo e do ambiente.

Veja alguns hábitos importantes de higiene que devemos adotar.

Tomar banho todos os dias.

Escovar os dentes após as refeições e também usar o fio dental.

Não roer as unhas. Não colocar as mãos ou objetos sujos na boca.

Manter as mãos sempre limpas e lavá-las antes das refeições.

Pedir a ajuda de um adulto para manter as unhas cortadas e limpas.

Conservar os cabelos limpos e penteados.

Andar sempre calçado.

1 Observe as imagens e descubra os nomes dos objetos de higiene pessoal que completam o diagrama de palavras.

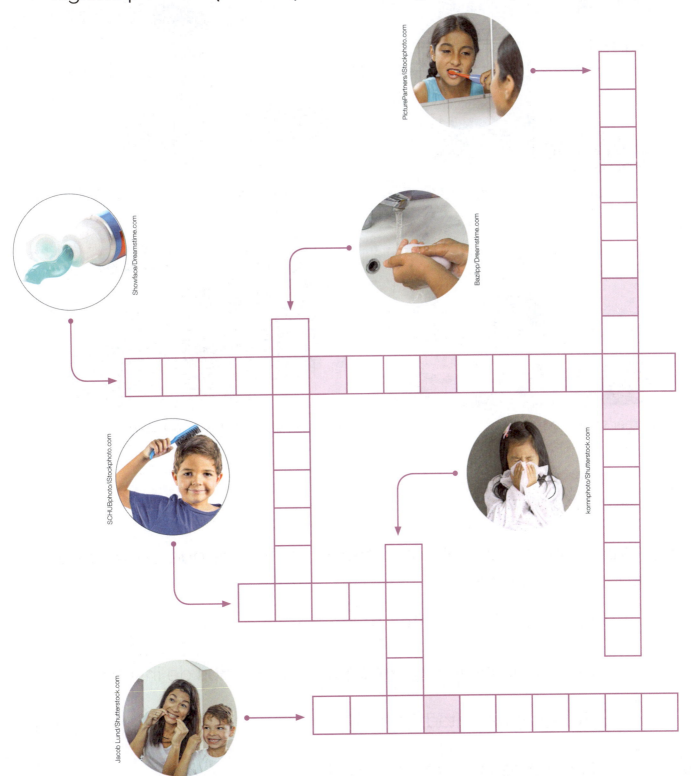

Higiene com os alimentos

Para ter saúde não basta manter apenas os cuidados com o corpo, é preciso higienizar os alimentos.

Beber água tratada e filtrada; pode ser fervida também.

Lavar bem frutas e verduras antes de comê-las.

Comer somente carnes bem cozidas.

Proteger os alimentos e guardá-los em local fresco.

1) Marque com **X** os hábitos corretos de higiene que devemos ter com os alimentos.

☐ Não lavar frutas antes de comê-las.

☐ Manter alimentos guardados e protegidos de insetos.

☐ Beber água tratada e filtrada.

☐ Não cozinhar bem as carnes.

Outros hábitos saudáveis

Os hábitos de higiene com o corpo são muito importantes para nossa saúde. Mas há também outros hábitos saudáveis que cada um de nós deve praticar.

- Ter um tempo de lazer e descanso.

- Dormir cerca de oito horas por dia.

- Ser gentil e ajudar os pais e familiares.

- Alimentar-se corretamente.

- Ir à escola e se dedicar aos estudos.

- Praticar atividade física.

Ilustrações: Saulo Nunes

ATIVIDADES

1 Observe as imagens a seguir e escreva uma frase explicando a qual prática saudável cada uma delas corresponde.

a) Criança dormindo.

_____

_____

c) Crianças pulam corda.

_____

_____

b) Menina faz uma das principais refeições do dia.

_____

_____

d) Menina estuda.

_____

_____

2 Pegue uma folha de papel e desenhe nela um objeto da sala de aula que pode causar acidente se não for usado corretamente. Depois, converse com o professor e os colegas sobre os cuidados necessários no uso desse objeto.

Perigos no ambiente

Nossos sentidos podem nos avisar a respeito de perigos no ambiente. Você pode ouvir o barulho de um animal feroz e se proteger, ouvir uma buzina e não atravessar a rua, sentir cheiro de fumaça e fugir etc.

No entanto, nós temos de ser responsáveis por nossa segurança no ambiente e evitar certas situações que nos coloquem em perigo.

Evitando acidentes

Algumas atitudes podem colocá-lo em perigo e causar acidentes. Veja a seguir algumas recomendações para evitar acidentes no dia a dia.

Fique longe do fogão e de panelas quentes, e nunca mexa com fogo.

Nunca encoste em tomadas e em fios soltos e desencapados; você pode levar um choque!

Não brinque com animais que você não conhece.

Atravesse a rua sempre na companhia de um adulto e pela faixa de pedestres. Quando andar de carro, use o cinto de segurança. Lembre-se: quem tiver até 10 anos deve se sentar em cadeirinhas próprias para crianças no banco de trás!

Use sempre os equipamentos de segurança indicados para o esporte escolhido, como capacete, joelheiras e cotoveleiras.

Praia e piscina, só na companhia de um adulto responsável!

Nunca mexa com facas, tesouras de ponta e outros objetos cortantes e pontiagudos.

ATIVIDADES

1 Leia o título da notícia a seguir, divulgada na internet.

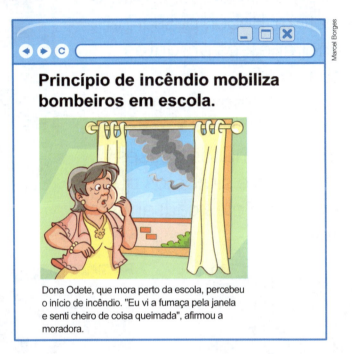

Princípio de incêndio mobiliza bombeiros em escola.

Dona Odete, que mora perto da escola, percebeu o início de incêndio. "Eu vi a fumaça pela janela e senti cheiro de coisa queimada", afirmou a moradora.

a) De acordo com o texto, que sentidos foram usados para perceber que estava ocorrendo um incêndio?

_____

b) Em situações semelhantes, você acha que os sentidos podem avisar de algum perigo?

☐ Sim. ☐ Não.

2 Marque **C** (certo) ou **E** (errado) para as afirmações.

☐ Eu posso atravessar a rua correndo, fora da faixa e sem olhar para os dois lados.

☐ Eu posso entrar na piscina e no mar sem a companhia de adultos.

☐ Eu tenho de ficar distante do fogão e de objetos cortantes.

Cuidado com as intoxicações!

Na casa de todas as pessoas há vários tipos de produto, como remédios, produtos de limpeza e de beleza. Beber, passar na pele ou mesmo cheirar esses produtos pode prejudicar sua saúde.

Somente quem pode mexer com eles são os adultos!

Por serem perigosos, muitos desses produtos vêm com textos e símbolos que alertam para o perigo que eles causam. Veja abaixo dois exemplos.

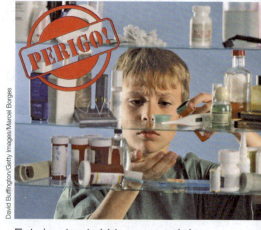

Esteja atento! Nas casas há diversos produtos que podem causar intoxicações.

O símbolo com a caveira indica que o material é tóxico, pode envenenar a pessoa e até causar morte.

O símbolo com as chamas alerta para o risco de o material ser inflamável, ou seja, pode pegar fogo.

Então, não se esqueça:

Não toque nem cheire produtos de limpeza!

Não mexa em medicamentos!

Não mexa com álcool ou fósforo nem solte balões ou bombinhas. Há sérios riscos de explosões e queimaduras!

ATIVIDADES

1 Os irmãos Rita e Raul querem brincar no quintal. Mas no caminho deles há alguns produtos perigosos. Ajude-os a chegar aonde querem de modo que não encontrem nada que represente risco para a saúde deles.

UNIDADE 5
O PLANETA TERRA E O SOL

A duração do dia

Gisélia chegou com sua família no parque. O tempo estava ensolarado e quente. Veja como ela aproveitou o dia.

1. Meus amigos estão jogando bola. Eu também vou!

3. Hora de ir embora! O dia está acabando.
   Só mais um pouquinho!

- Quais sinais nas imagens indicam a passagem do dia?
- Você já havia notado que as sombras mudam de lugar de acordo com a posição do Sol no céu?

Dia e noite

Durante o dia, quando o Sol está visível no céu, o ambiente fica iluminado. Desse modo, quando observado da Terra ao longo do dia, temos a impressão de que ele percorre o céu de um lado a outro e desaparece à noite, deixando o céu escuro.

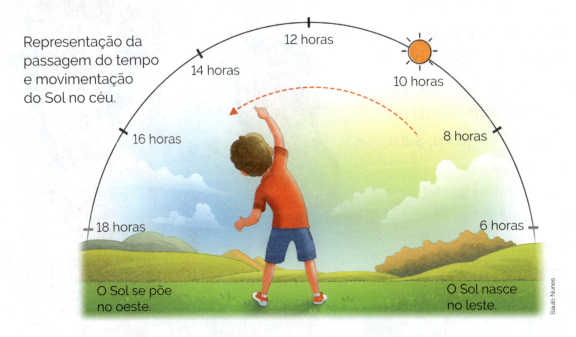

Representação da passagem do tempo e movimentação do Sol no céu.

O Sol se põe no oeste.

O Sol nasce no leste.

Todos os dias, pela manhã, o Sol surge no céu no lado **leste**, conhecido como **nascente**. No fim da tarde, o Sol desaparece no lado **oeste** do céu, também chamado **poente**.

Temos a impressão de que o Sol se movimenta em torno da Terra no espaço. Mas será que é isso mesmo que acontece?

O que é o Sol?

O Sol é uma estrela, um tipo de astro do Universo que produz luz e calor.

Apesar de estar muito distante do planeta Terra, sua luz e seu calor chegam até nós. É dele que vem a luz que ilumina a Terra e o calor que também nos aquece.

Vista do pôr do sol no Rio Guaíba, Porto Alegre, Rio Grande do Sul.

Mitologia indígena

Nas aldeias indígenas de todo o mundo era sempre dia.

Nunca escurecia, a noite não existia. As pessoas não precisavam parar de caçar, nem de cozinhar, nem de construir as casas, pois o mundo estava sempre claro. O Sol ia de um lado a outro do céu e depois voltava, sem parar. Ele nunca desaparecia.

Um dia, porém, isso mudou. Aproveitando que Tupã, um deus que controla tudo, havia saído para caçar, um indígena resolveu tocar o Sol para saber como era aquela bola de fogo que iluminava e aquecia todas as aldeias. Então o Sol se quebrou em mil pedacinhos e surgiu a escuridão.

Tupã não se conformou e juntou os pedacinhos. Mas o Sol remendado ia de um lado a outro do céu e não conseguia voltar.

Tupã, então, criou a Lua e as estrelas para iluminar a noite.

Assim, o Sol ia até o poente, não voltava, e a Lua e as estrelas vinham. Quando acabava a noite, o Sol voltava e o dia começava de novo.

Lenda indígena recontada pela autora.

O movimento de rotação da Terra

A explicação do dia e da noite da lenda tupi-guarani se baseia em acontecimentos mágicos. Já a explicação científica que estudaremos agora é fundamentada em observações de **astrônomos**. Veja o que eles dizem.

> **GLOSSÁRIO**
>
> **Astrônomo:** cientista que estuda o céu e os astros.

Vivemos na superfície externa de um planeta de forma arredondada chamado Terra.

A Terra gira no espaço ao redor de um eixo imaginário, como se fosse um pião. Esse movimento é chamado de **rotação**. Uma volta completa da Terra em torno de si mesma dura, aproximadamente, 24 horas.

Pião girando.

Durante esse movimento, um dos lados da Terra fica de frente para o Sol e recebe luz: nesse lado é dia. No outro lado da Terra, que não recebe luz solar, é noite.

Ilustração simplificada e fora de escala.

Nessa fotografia, a lanterna ilumina um dos lados do globo terrestre, que é uma representação do planeta Terra. O lado oposto, de trás, está escuro.

Enquanto a Terra gira ao redor de si mesma, diferentes regiões de sua superfície são iluminadas pelo Sol. Por isso, os dias e as noites se sucedem. Enquanto no lado da Terra iluminado pelo Sol é dia, no lado oposto é noite.

ATIVIDADES

1 Ligue os termos à explicação correspondente.

Ciência

Lenda indígena

Explicação fantástica com base em acontecimentos mágicos.

Explicação com base na observação dos astros.

2 Complete as frases com as palavras corretas.

a) O _____ é a estrela que ilumina e aquece a Terra.

b) A _____ gira em torno de si mesma, como um pião.

c) O _____ ocorre na face da Terra que está voltada para o Sol.

d) A _____ ocorre na face da Terra não iluminada pelo Sol.

3 Complete os espaços em branco.

a) Nós moramos na superfície externa de um planeta chamado _____, que tem forma _____.

b) A Terra gira ao redor do _____ e de si mesma.

c) No movimento de _____, a Terra completa uma volta sobre si mesma em aproximadamente 24 horas ou um _____.

4 Observe a imagem e escreva, para cada número indicado nela, se corresponde ao dia ou à noite.

Representação simplificada em cores-fantasia e tamanhos sem escala.

Representação da Terra e do Sol no espaço. A seta curva sobre a Terra indica que ela se movimenta ao redor de si mesma. A linha reta vermelha representa um eixo imaginário que passa pelo centro da Terra.

5 Leia o trecho do poema **O buraco do tatu**.

[...] O tatu cava um buraco
e some dentro do chão,
quando sai pra respirar,
já está lá no Japão. [...]

Sérgio Caparelli. *Boi da cara preta*.
15. ed. Porto Alegre:
L&PM, 1995. p. 12.

a) Veja, num globo terrestre, onde ficam os países Brasil e Japão.

Quando é dia no Brasil, no Japão é dia ou noite? _____

Luz e sombras

Somente é possível enxergar o mundo pelo sentido da visão porque existe a luz. Sem a luz, seria impossível enxergar o ambiente que nos cerca.

O que a menina tem de fazer para enxergar os elementos da sala?

Os olhos humanos têm a propriedade de enxergar somente objetos iluminados pela luz.

Astros luminosos e astros iluminados

Os astros, ou seja, os corpos que observamos no céu, podem ser luminosos ou iluminados.

Os astros luminosos são aqueles que produzem a própria luz. Já os astros iluminados são os que não produzem luz, mas recebem luz dos astros luminosos.

A Lua fica brilhante no céu porque reflete a luz do Sol, ela não tem luz própria.

Representação simplificada em cores-fantasia e tamanhos sem escala.

O Sol é um astro luminoso porque produz luz própria. Já a Terra e a Lua são astros iluminados, pois recebem a luz solar.

ATIVIDADES

1 Observe a imagem ao lado e responda às questões.

a) Por que conseguimos observar melhor os músicos que estão no palco do que as pessoas da plateia?

_____

_____

b) Que órgãos possibilitam enxergar quando há presença de luz?

_____

_____

c) Os músicos são elementos:

☐ luminosos. ☐ iluminados.

d) Qual é o elemento luminoso nesta imagem?

_____

2 Pinte a ilustração e depois responda qual é o astro luminoso e qual é o astro iluminado.

_____

_____

_____

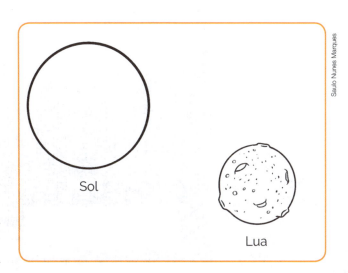

Sol

Lua

A produção da sombra

A sombra se forma quando um material interrompe a passagem da luz. Mas, para que isso ocorra, esse material precisa ter a capacidade de impedir a passagem dos raios de luz.

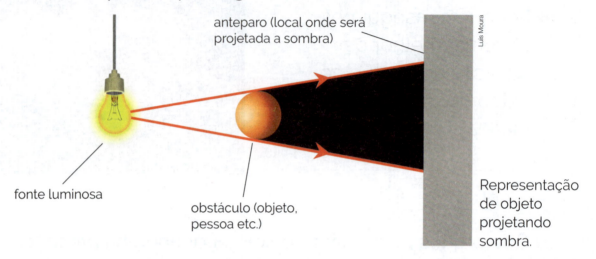

Para que um obstáculo produza sombra é necessário posicioná-lo entre a fonte de luz e a superfície em que será projetada a sombra.

1 Indique na imagem a seguir qual é a fonte luminosa, quais são os obstáculos e qual é a superfície de projeção (anteparo).

Cena do filme *Monstros S.A.* Direção de Pete Docter. EUA: Pixar, 2001, 92 min.

Opacos, translúcidos e transparentes

Alguns materiais permitem a passagem de luz e outros a bloqueiam totalmente.

Os materiais podem ser classificados de acordo com a passagem de luz através deles. Podem ser: opacos, translúcidos ou transparentes.

- **Opacos** são materiais que bloqueiam totalmente a passagem da luz. Não é possível enxergar o que está atrás deles e há projeção de sombra.

Objeto opaco.

O reboque e o muro são feitos com materiais opacos: metal e tijolos. Não permitem a passagem da luz e formam sombra.

- **Translúcidos** são materiais em que há pouca passagem de luz. É possível enxergar um objeto atrás deles, mas não de forma nítida.

Objeto translúcido.

O boxe do banheiro é de vidro translúcido. A luz passa, mas não é possível ver nitidamente do outro lado.

- **Transparentes** são materiais em que há completa passagem da luz e um objeto pode ser visto com nitidez através deles.

Objeto transparente.

O vidro da vitrine é transparente e permite completamente a passagem da luz.

BRINCANDO DE CIENTISTA

A sombra ao longo do dia

Uma forma de registrar o movimento aparente do Sol no espaço é acompanhar a mudança da posição das sombras ao longo do dia.

Veja como você pode fazer isso.

Material:
- garrafa PET de 2 L;
- terra ou pedregulhos;
- giz de lousa.

Modo de fazer

1. Encha a garrafa PET com a terra (ou pedregulhos). Desse modo, ela ficará firme no mesmo local.
2. Escolha um local onde a garrafa ficará exposta ao Sol ao longo do dia.
3. De manhã, coloque a garrafa no local escolhido.

Montagem do experimento.

4. Com o giz risque, no chão, o contorno da sombra da garrafa. Repita esse procedimento de duas em duas horas.
5. Observe os desenhos da projeção de sombra da garrafa que você fez ao longo do dia.

Conclusão

1. Explique o que ocorreu com a posição das sombras.

2. Você percebeu alguma relação entre as sombras e o Sol?

O Sol e as sombras

Por causa do movimento aparente do Sol no céu, as sombras que vemos no chão mudam de lugar. Veja o exemplo a seguir.

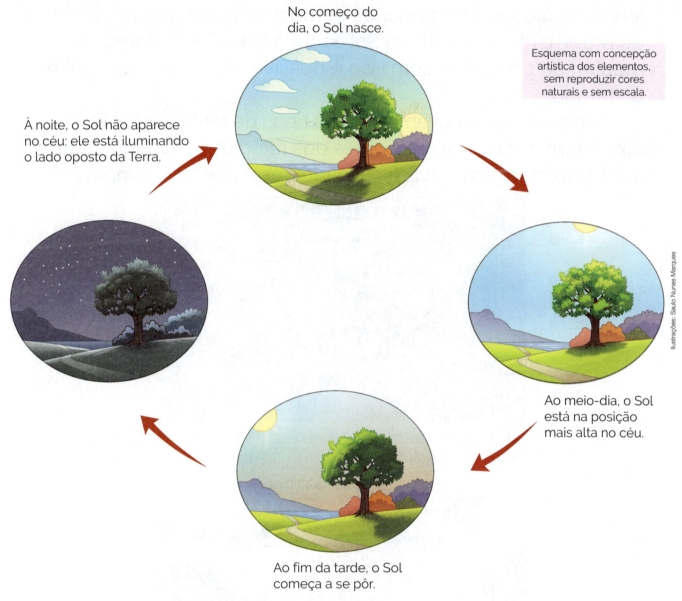

Exemplo de formação das sombras ao longo do dia.

A sombra aparece sempre do lado oposto à fonte de luz, que pode ser o Sol, uma lâmpada ou uma vela, por exemplo.

O tamanho das sombras varia ao longo do dia. No começo da manhã e no fim da tarde elas são mais longas, já por volta do meio-dia elas são mais curtas.

SAIBA MAIS

O Sol e as horas

O relógio de sol surgiu da observação das sombras ao longo do dia. Os povos antigos perceberam que, por meio do movimento aparente do Sol ao longo do dia, as sombras mudam de posição, e com isso é possível registrar a passagem do tempo.

Desse modo, surgiram diversos tipos de relógios de sol. Eles foram inventados bem antes dos relógios com engrenagens e ainda existem em várias localidades. Veja alguns exemplos.

Este relógio de sol marca 16 horas e 30 minutos na cidade de Sebastopol, Ucrânia.

Relógio de sol marca 12 horas na cidade de Treze Tílias, Santa Catarina, Brasil.

ATIVIDADES

1 O Sol parece se mover no céu ao longo do dia. Podemos perceber isso ao vê-lo nascer e depois se pôr em locais diferentes.

a) O Sol nasce em que direção no horizonte?

_____

_____

b) O Sol se põe em que direção no horizonte?

_____

_____

2 Observe as diferentes posições da fonte de luz. Depois, indique com uma seta qual seria a posição da sombra da planta. Siga o modelo.

UNIDADE 6

AS PLANTAS

De que as plantas precisam para viver?

Estes alunos tiveram uma aula ao ar livre. Eles aprenderam a plantar uma árvore.

Veja abaixo alguns momentos desta atividade e depois discuta com os colegas que elementos mostrados nas imagens são necessários para a sobrevivência das plantas.

Alunos plantando uma árvore.

As plantas são seres vivos

As plantas são seres vivos, portanto, passam por um ciclo de vida: nascem, crescem, podem se reproduzir e morrem.

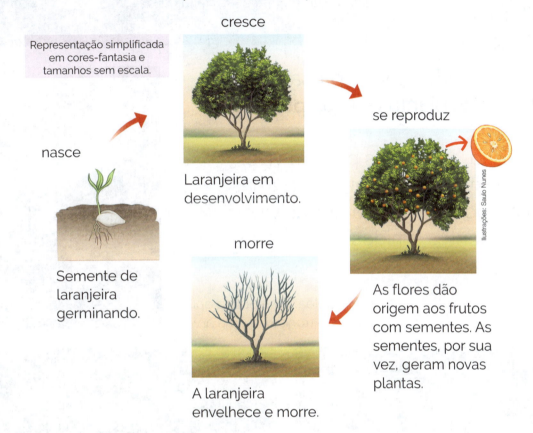

Representação simplificada em cores-fantasia e tamanhos sem escala.

nasce

Semente de laranjeira germinando.

cresce

Laranjeira em desenvolvimento.

morre

A laranjeira envelhece e morre.

se reproduz

As flores dão origem aos frutos com sementes. As sementes, por sua vez, geram novas plantas.

Onde as plantas vivem?

As plantas podem viver em diferentes ambientes.

As que vivem no solo são chamadas de **plantas terrestres**.

Elas têm caules, que as sustentam, e raízes, que as fixam no solo.

O ipê-amarelo é a árvore-símbolo de nosso país, o Brasil. É uma planta terrestre.

As plantas que vivem na água são chamadas de **plantas aquáticas**. Elas habitam rios, mares e lagos.

Ninfeias, plantas aquáticas, flutuam nas águas da superfície de um lago.

Já as plantas que vivem presas nos galhos de outras plantas são as **plantas epífitas**.

Além disso, as plantas podem viver em climas bastante diferentes. Algumas precisam de pouca água, já outras vivem bem em ambientes úmidos.

Orquídea, uma planta epífita, presa ao tronco de uma árvore.

O cacto xique-xique é uma planta que sobrevive em região seca e quente.

As palmeiras são plantas que crescem em locais quentes e bastante úmidos.

O pinheiro sobrevive em regiões muito frias, até mesmo naquelas em que neva. Sibéria, Rússia.

Planta cultivada em ambiente doméstico.

Plantas cultivadas pelo ser humano

Além de se desenvolver em ambientes naturais, como florestas, matas e campos, muitas plantas são cultivadas pelo ser humano.

Essas plantações são feitas em locais determinados, como pomares, hortas e jardins.

Laranjeiras em um pomar. As árvores frutíferas dão frutos que são consumidos pelas pessoas e por diversos animais.

O cultivo de hortaliças normalmente é feito por pequenos produtores que vivem nos arredores das cidades.

Jardins são ambientes planejados pelo ser humano que nos proporcionam beleza e lazer. Nesta fotografia, jardim no Parque Municipal Américo Renné Giannetti. Belo Horizonte, Minas Gerais, 2012.

ATIVIDADES

1 Vinícius viajou para um país distante do nosso e fotografou a paisagem.

Vinícius mostrando no *smartphone* a paisagem que fotografou durante a viagem.

Agora, responda em que ambiente as plantas que o Vinícius fotografou vivem.

_____

2 A avó e seu neto estão cuidando do jardim. Separe as plantas indicadas nas três categorias que você estudou: escreva **A** para aquática; **E** para epífita; **T** para terrestre.

Partes da planta

O corpo da maioria das plantas é formado pelas seguintes partes: raiz, caule, folhas, flores, frutos e sementes.

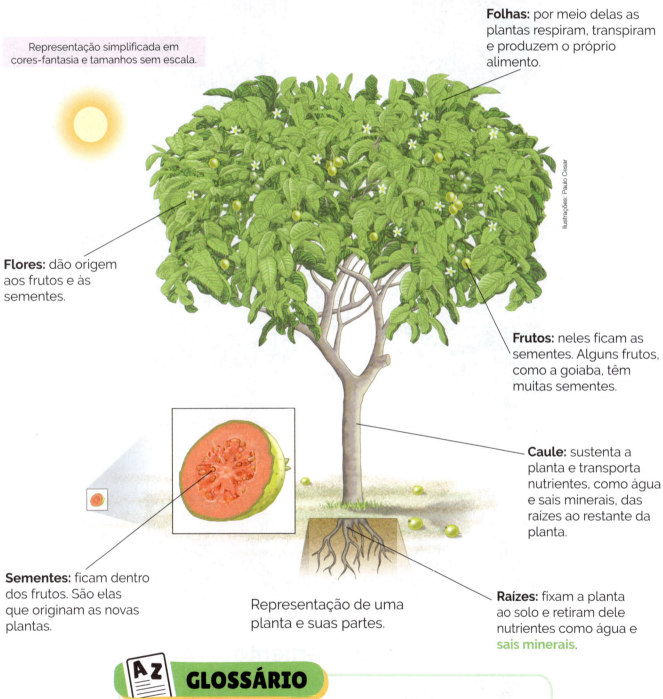

Representação simplificada em cores-fantasia e tamanhos sem escala.

Folhas: por meio delas as plantas respiram, transpiram e produzem o próprio alimento.

Flores: dão origem aos frutos e às sementes.

Frutos: neles ficam as sementes. Alguns frutos, como a goiaba, têm muitas sementes.

Caule: sustenta a planta e transporta nutrientes, como água e sais minerais, das raízes ao restante da planta.

Sementes: ficam dentro dos frutos. São elas que originam as novas plantas.

Raízes: fixam a planta ao solo e retiram dele nutrientes como água e sais minerais.

Representação de uma planta e suas partes.

GLOSSÁRIO

Sais minerais: nutrientes que as plantas e outros seres vivos necessitam para sobreviver.

As plantas podem ser bastante diferentes entre si e ter as mesmas partes com aspecto distinto. Veja alguns exemplos.

Raiz

Raiz de milho.

Raiz de mandioca (também chamada de aipim).

Caule

O caule (tronco) da macieira é grosso é rígido.

O caule da parreira é fino e flexível.

Folha

A folha do pé de maracujá é fina e bem verde.

A folha desse tipo de suculenta é grossa e azulada.

Flor

A hortênsia forma várias flores em um ramo.

A rosa é a flor da roseira.

Fruto e semente

O tomate é um fruto; dentro dele há várias sementes pequenas.

O abacate é um fruto que tem uma única semente grande.

Reprodução das plantas

Há dois modos de uma planta se reproduzir, isto é, dar origem a outra planta.

1. A **semente** é plantada na terra e germina. São exemplos o feijoeiro e o abacateiro.

Representação simplificada em cores-fantasia e tamanhos sem escala.

A semente de feijão germinou e o feijoeiro cresceu.

2. Com uma **muda**, que é um pedaço de caule ou folhas de uma planta já crescida que vai dar origem a uma nova planta. São exemplos o pé de cebola, a bananeira e a cana-de-açúcar.

A cebola é o caule da planta. Ela pode ser usada como muda, isto é, dar origem a um novo pé de cebola.

Para se reproduzir e se desenvolver, a maioria das plantas terrestres precisa de água, ar, terra, luz e calor.

ATIVIDADES

1 Ligue cada parte da planta à frase correspondente a ela.

Dão origem aos frutos e às sementes.

Absorve água.

Protege as sementes.

Dá origem a uma nova planta.

Sustenta a planta.

Produz o alimento da planta.

2 Complete as lacunas corretamente.

a) A _____ dá origem a sementes e frutos.

b) É a _____ que prende a planta na terra.

c) O _____ conduz o alimento para todas as partes da planta.

3 Complete as frases corretamente com as palavras do quadro.

> ar   fofa   muda
> semente   terra

a) As plantas, de modo geral, se desenvolvem em _____ rica em nutrientes e _____, onde entram o _____ e a água.

b) A planta pode se reproduzir a partir de _____ ou de _____.

4 Enumere cada sequência de imagens abaixo conforme a legenda.

1. Planta reproduzida por meio de muda.
2. Planta reproduzida por meio de semente.

5 Complete o diagrama de acordo com as definições abaixo.

1. Por meio dela a planta respira.
2. Contém as sementes.
3. Fixa a planta ao solo e dele retira água e sais minerais.
4. Sustenta os galhos, as folhas e os frutos e leva água e sais minerais do solo para o restante da planta.
5. Dá origem aos frutos e às sementes.

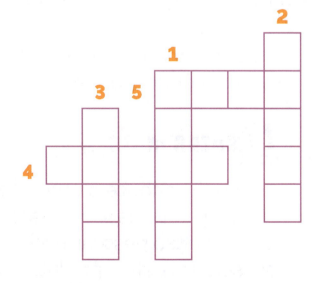

6 Desafio: indique uma planta que não tem flor nem fruto.

_____

O uso das plantas

As plantas ou vegetais servem de alimento para muitos animais, entre eles os seres humanos; também podem ser usadas em remédios, construções, entre outras utilidades. Veja a seguir.

Plantas na alimentação

Nós nos alimentamos de uma variedade muito grande de vegetais, como frutas, verduras, legumes e cereais (arroz, trigo e milho). Para ter alimentação suficiente, cultivamos essas plantas.

Plantação de trigo em Santiago, Rio Grande do Sul.

Galinhas alimentam-se de grãos (sementes) de milho cultivado.

O ser humano planta também para alimentar os animais que cria para uso próprio, por exemplo, para obter carne, leite ou ovos.

Você conhece alguma pessoa **vegetariana**?
Vegetarianos são pessoas que, por motivos como alergias, ou por opção pessoal, não comem carne. Muitos vegetarianos consomem outros produtos de origem animal, como ovos, leite e derivados. Já os **veganos** optam por não se alimentar de nenhum deles, consumindo apenas alimentos de origem vegetal.

Partes comestíveis das plantas

Vários alimentos muito comuns em nossa alimentação são partes de plantas. Existem até mesmo flores comestíveis. Vamos ver alguns exemplos?

Exemplos de plantas comestíveis			
Folha	acelga	hortelã	alface
Caule	batata	gengibre	cana-de-açúcar
Raiz	cenoura	mandioquinha	batata-doce
Fruto	tomate	abacate	beringela
Semente	amendoim	feijão	trigo
Flor	brócolis	couve-flor	alcachofra

ATIVIDADES

1 Ligue cada parte da planta à palavra correspondente a ela.

| caule | raiz | folha | semente | fruto |

2 Vamos lembrar do nome de partes das plantas que são comestíveis, ou seja, que podem fazer parte da alimentação?

a) Duas folhas: _____

b) Duas raízes: _____

c) Dois caules: _____

d) Dois frutos: _____

e) Duas sementes: _____

f) Duas flores: _____

PESQUISANDO

1 Algumas plantas podem prejudicar nossa saúde.

Com a ajuda do professor ou de pessoas de sua casa, pesquise na internet nomes e imagens dessas plantas. Escolha uma delas e, em uma folha de papel, desenhe-a e escreva o nome dela. Depois, traga para a sala de aula e organize com os colegas um mural com o título "Plantas tóxicas".

ATENÇÃO!

Algumas plantas podem ser tóxicas, ou seja, fazem muito mal à saúde se tocadas, como a urtiga, ou mesmo ingeridas.
Por isso, não toque ou coma nenhuma planta desconhecida se não houver um adulto por perto!

BRINCANDO DE CIENTISTA

Uma semente pode germinar se não receber água?

Material:

- 2 copos transparentes;
- algodão;
- 2 etiquetas;
- lápis;
- água;
- 10 sementes de feijão.

Modo de fazer

1. Identifique os copos como **A** e **B** e ponha uma porção de algodão no fundo de cada um.
2. Coloque cinco sementes de feijão em cada copo.
3. Umedeça o algodão do copo **A** e repita diariamente. Não molhe o algodão do copo **B**.
4. Mantenha os dois copos em um local que receba a luz do Sol e observe-os diariamente.

Agora, faça o que se pede.

a) Nos quadros abaixo, faça desenhos para mostrar como os feijões ficaram depois de 4 dias e depois de 7 dias.

b) O que ocorreu com as sementes que não receberam água?

As plantas produzem o próprio alimento

As plantas são seres vivos. Você viu que elas podem nascer de uma semente, crescer, gerar frutos etc. Para fazer todas essas funções, elas precisam de energia. Isso é uma necessidade de todos os seres vivos.

As plantas conseguem a energia de que precisam utilizando os recursos do ambiente, como a luz do Sol, o ar e a água.

A luz do Sol e o ar são absorvidos pelas folhas; a água é retirada do solo pelas raízes. As plantas também retiram do solo outros **nutrientes** de que precisam.

Veja a seguir alguns elementos de que a planta precisa para se desenvolver.

Necessita de água.

Precisa de luz do Sol e de ar.

Esquema com concepção artística dos elementos, sem reproduzir cores naturais e sem escala.

Às vezes é necessário colocar adubo no solo.

Elementos essenciais para o desenvolvimento da plantas.

GLOSSÁRIO

Nutriente: alimento, substância utilizada pelo ser vivo para se desenvolver. O adubo, colocado na terra para fortalecer as plantas, contém nutrientes.

ATIVIDADES

1 O texto sobre as necessidades das plantas está incompleto. Preencha as lacunas de modo que ele fique correto. Utilize os termos a seguir.

> luz do Sol   água   ambiente   energia

As plantas produzem a _____ de que precisam utilizando os recursos do _____, como a _____, o ar e a _____.

2 Para produzir seu alimento as partes da planta trabalham em conjunto. Sabendo disso, copie os textos a seguir para os locais em que as informações são necessárias.

- A água é retirada do solo pelas raízes. Algumas vezes o solo precisa ser adubado.
- Os nutrientes produzidos pela planta percorrem o caule.
- As folhas absorvem a luz do Sol e o ar.

3 Ângela acha que cuida muito bem de suas plantas. Ela diz que tem "mão boa" para cuidar delas – ou seja, sabe do que as plantas precisam para crescerem saudáveis.

a) Ao analisar a imagem acima, indique por que as plantas de Ângela crescem bonitas.

_____

_____

b) Se Ângela viajasse por um mês, fechasse todas as janelas e não deixasse ninguém cuidando das plantas, assinale a imagem que representa como ela encontraria suas plantas ao retornar.

BRINCANDO

1 Leia os textos abaixo. Depois, descubra a que partes da planta eles se referem e ligue-os com as imagens.

Na planta, minha função é produzir alimento e fazer a respiração.

Os frutos se originam de mim. Ao abrir, embelezo todo o jardim!

Fixar a planta no solo é minha função.
Absorvo água e sais minerais para sua nutrição.

Sustento os galhos e transporto água da raiz para o resto da planta.

Sou o guardião das sementes. Para muitos animais, sou apetitoso e atraente.

Sou fechada e simplesinha; de mim surgirá uma nova plantinha!

UNIDADE 7

OS ANIMAIS

Diferentes animais

Os animais não produzem seu próprio alimento, ao contrário das plantas. Essa é uma característica que todos os animais têm em comum.

Eles também podem apresentar diferenças entre si, como o hábito alimentar, o modo de locomoção, a cobertura do corpo, entre outras.

Veja a imagem a seguir, que mostra animais que habitam o mar. Converse com os colegas e, juntos, apontem o que esses animais têm em comum e o que têm de diferente.

Cena do filme de animação *Procurando Nemo*, direção de Andrew Stanton (EUA, Pixar, 2003, 100 min). Na imagem, os personagens Dory, Marlin (pai de Nemo) e a tartaruga Crush.

Conhecendo os animais

Existe uma grande variedade de animais. Eles podem ser muito diferentes em tamanho, cor e forma. Vamos conhecer alguns deles?

Considerado o maior animal do mundo, a baleia-azul pode chegar a 30 metros de comprimento!

O sapo-pingo-de-ouro é um dos menores sapos do mundo, medindo cerca de 1 centímetro. Ele pode ser encontrado na Serra do Mar.

Para atrair a fêmea, o pavão exibe suas exuberantes penas, abrindo-as em forma de leque.

O bicho-pau tem aparência bem discreta, semelhante a um graveto, o que permite a ele se esconder de seus predadores no meio das plantas.

O cágado possui casco, que o protege de possíveis predadores. Para se esconder, ele retrai o pescoço e as patas para dentro do casco. Fotografia na região de Petrolina, Pernambuco.

A água-viva está entre os animais mais simples e antigos da Terra. Sua origem tem cerca de 650 milhões de anos.

Locomoção dos animais

A maioria dos animais se locomove. Eles podem nadar, rastejar, voar, saltar, andar e correr.

Veja alguns exemplos:

A águia é uma ave que voa, alcançando grande velocidade.

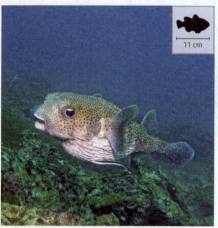

Baiacu, peixe que usa suas nadadeiras para se locomover na água.

As serpentes se locomovem rastejando-se pelo solo, algumas podem subir em árvores.

Cobertura do corpo dos animais

Grande parte dos animais tem o corpo coberto apenas pela pele, como o golfinho, o sapo e a minhoca. Alguns têm também outras coberturas, como pelos, escamas, penas e a carapaça.

A tartaruga marinha tem o corpo coberto por escamas e uma dura carapaça.

O tamanduá tem o corpo coberto por pelos.

ATIVIDADES

1 O ser humano e a baleia fazem parte do grupo dos animais. Além disso, apresentam outras semelhanças, como se alimentar de leite ao nascer e respirar fora da água.

O ambiente onde vivem, o tamanho corporal e o tipo de locomoção podem ser apontados como semelhanças ou diferenças entre esses indivíduos?

_____

_____

2 Desenhe, nos espaços a seguir, a imagem de um animal que tenha o corpo coberto por:

a) pelos;

b) penas.

3 Encontre o nome de seis animais no diagrama de palavras. Depois, separe-os entre aqueles que podem voar, nadar e rastejar.

B	A	C	A	L	H	A	U	V	J	Z	A
G	T	I	U	P	I	C	E	M	H	V	M
R	J	P	W	S	T	P	E	V	Z	T	I
I	L	P	E	L	N	P	Z	R	A	Z	N
X	U	A	H	Z	O	B	Q	M	D	E	H
S	E	R	P	E	N	T	E	T	Y	C	O
H	A	D	G	M	R	U	Z	P	A	N	C
U	F	A	K	Z	M	C	T	L	F	N	A
N	Q	L	U	R	T	A	X	N	Z	B	C
P	V	T	S	D	I	N	K	T	L	O	T
E	U	P	B	M	A	O	K	J	S	Z	O
Y	A	D	H	K	N	C	Z	R	U	P	F
M	G	O	L	F	I	N	H	O	J	K	E

Voar

_____

_____

_____

Nadar

_____

_____

_____

Rastejar

_____

_____

_____

4 Verifique se as afirmações são verdadeiras (V) ou falsas (F) e marque **X** na coluna correta.

Afirmação	V	F
Animais como o cachorro, a onça e o macaco têm o corpo coberto por penas.		
Animais como as serpentes, o peixe e o jacaré têm o corpo coberto por escamas.		
Animais como o urubu, a ema e a galinha têm o corpo coberto por pelos.		

Os animais e seu hábitat

As pessoas necessitam de um lugar para morar. Os outros animais também têm um lugar certo para viver, onde se abrigam, alimentam-se e dormem. Esse lugar é chamado de **hábitat**.

Os animais que vivem na terra, como a capivara, o macaco e a onça-pintada, são chamados de **animais terrestres**.

Capivara.

Onça-pintada.

Existem, porém, animais terrestres que passam parte do tempo na água, como o jacaré e o hipopótamo.

Jacaré.

Há animais que vivem apenas dentro da água, como os peixes, a baleia e o polvo. Eles são os **animais aquáticos**.

Polvo.

Pirarucu.

ATIVIDADES

1 Identifique o nome de cada animal e escreva-o como legenda. Depois, circule de **roxo** os animais terrestres e de **verde** os aquáticos.

cavalo   peixe   elefante   anta   tubarão   golfinho

_____   _____   _____

_____   _____   _____

2 Resolva o desafio.

Comida de gato

O Teo tem um gato
que se chama Cissaninho.
O menino colocou em seu prato
8 cenouras e 1 peixinho.
Cissano comeu metade das cenouras e
o peixe inteirinho.
Você sabe quanto sobrou em seu pratinho?

Renata Bueno. *Poemas problemas.* São Paulo: Editora do Brasil, 2012. p. 13.

A alimentação dos animais

Todos os animais precisam de alimentos. Eles podem ser classificados de acordo com seu hábito alimentar.

Animais **carnívoros**: são aqueles que se alimentam de outros animais. Veja exemplos nas fotografias abaixo:

Coruja-buraqueira.   Tubarão.   Tamanduá-bandeira.

Animais **herbívoros**: são aqueles que se alimentam de plantas, como estes das fotografias:

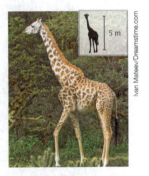

Vaca.   Bicho-preguiça.   Girafa.

Animais **onívoros**: são aqueles que se alimentam de plantas e de outros animais.

Veja exemplo nas fotografias:

Mico-leão-dourado.   Lobo-guará.   Ema.

ATIVIDADE

1 Observe as imagens dos animais a seguir e escreva se cada um deles é carnívoro, herbívoro ou onívoro.

a)

d)

g)

b)

e)

h)

c)

f)

i)

BRINCANDO DE CIENTISTA

Estudando um animal

Material:
- folhas de papel A4; canetinhas coloridas;
- livros e revistas com figuras de animais ou computador com acesso à internet.

Modo de fazer

1. Organizem-se em grupos e escrevam num papel o nome dos quatro tipos de animal abaixo. Recortem as fichas e as sorteiem entre os grupos.

terrestre e carnívoro	aquático e carnívoro
terrestre e herbívoro	aquático e herbívoro

2. Cada integrante dos grupos deve escolher um animal que tenha as características escritas no papel que pegou.

3. Em seguida, cada um procura em livros ou na internet imagens e informações do animal escolhido. Depois, transcreva a ficha do exemplo abaixo para seu caderno e complete-a com o desenho do animal e as informações encontradas.

Nome do animal:	
Desenhe seu animal aqui.	Hábitat:
	Hábito alimentar:
	Locomoção:
	Cobertura do corpo:

Agora responda:
- Qual informação você mais gostou de saber dos animais?

 **BRINCANDO**

Tarsila e o papagaio Juvenal

[...]
O rio traz os vendedores.
E no leva e traz,
Lá vem um rapaz
As frutas mostrar,
Sempre a cantar.
Quem vai querer?
Laranja cheirosa,
Abacaxi docinho.
Olha a manga gostosa!
Juvenal, tagarela,
Se achando o tal,
Repete o final.
Cheirosa,
Cheirosa...
Docinho,
Docinho...
Gostosa,
Gostosa...
[...]

Num voo ligeiro,
Encontra o barqueiro.
É o lugar ideal...
No balanço das águas,
Com cheiro de frutas
E amizade legal.
[...]

Mércia Maria Leitão e Neide Duarte.
Tarsila e o papagaio Juvenal.
São Paulo: Editora do Brasil, 2018.

1. O texto mostra duas características dos papagaios. Você sabe que características são essas?

2. Que partes do texto indicam essas características?

O desenvolvimento dos animais

Os filhotes dos animais se desenvolvem e nascem de diferentes formas.

Alguns animais se desenvolvem na barriga da mãe.

Mulher grávida.

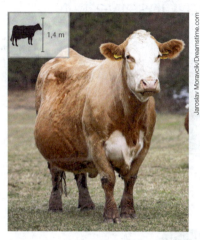
Vaca prenhe.

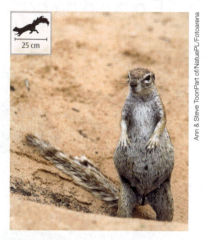
Esquilo fêmea prenhe.

Outros se desenvolvem em ovos que foram colocados pela mãe.

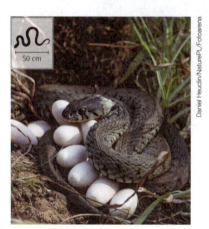
Serpente com ovos.

Tartaruga com ovos.

Ganso com ovos.

Alguns nascem parecidos com os pais, porém em tamanho menor, como estes ao lado.

Cachorra com filhotes.

Aranha com filhotes.

Metamorfose

Outros animais são diferentes dos pais ao nascer, mas com o tempo a forma do corpo deles se modifica, tornando-os, assim, parecidos com os pais.

É o caso da borboleta. Observe:

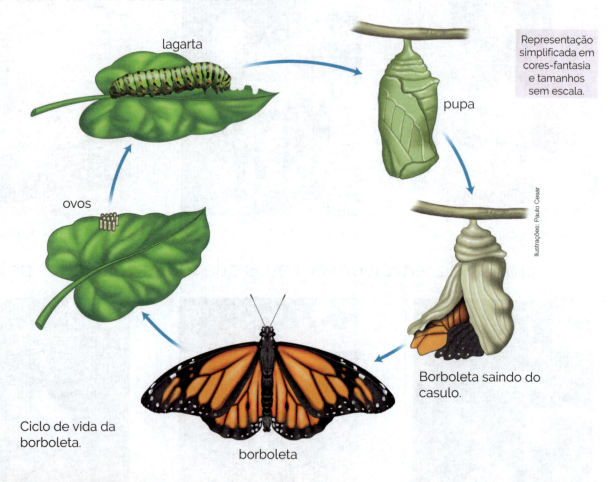

Ciclo de vida da borboleta.

SAIBA MAIS

Alguns animais nascem da barriga da mãe sem ainda estarem completamente desenvolvidos. Eles precisam ficar em uma bolsa de pele que há no corpo da mãe até completarem o desenvolvimento.

São exemplos o canguru e o gambá.

Canguru fêmea com filhote na bolsa.

ATIVIDADES

1 Preencha o diagrama de palavras com o nome dos animais que se desenvolvem na barriga da mãe.

- baleia
- camelo
- elefante
- gambá
- morcego
- tigre
- urso

2 Estes animais desenvolvem-se em ovos ou na barriga da mãe?

a) Pinguim.

_____

c) Girafa.

_____

b) Pássaro.

_____

d) Coelho.

_____

1 Leia o poema a seguir e encontre os animais. Depois, pinte de roxo o nome dos animais que se desenvolvem na barriga da mãe e de verde o nome daqueles que se desenvolvem em ovos.

Mais curiosidades

O guepardo é um corredor
Urubu come carniça
Dorminhoca é a preguiça
O camelo é bebedor
O cão é farejador
Engraçado é o chimpanzé
Bota ovo o jacaré
Bugio grita todo dia
A mula nunca procria
A girafa dorme em pé.
Perigosa é a serpente
Rei da selva é o leão
Quem mergulha é mergulhão
Pra ter peixe que o alimente
Aves voam para a frente
Mas o beija-flor pra trás
O macaco salta em paz
Pois o rabo lhe segura
Quem tem asa é tanajura
Assim são os animais.

César Obeid. *Rimas animais*. São Paulo: Moderna, 2010. p. 37.

1 Faça uma pesquisa sobre o ornitorrinco e escreva em uma folha à parte as curiosidades que você descobriu a respeito desse animal. Leia essas informações para os colegas e o professor.

SAIBA MAIS

O ser humano e os outros animais

Os animais são muito importantes para as pessoas. Animais como o boi, o peixe e o frango são criados para a alimentação.

As abelhas produzem mel e cera, que o ser humano utiliza na alimentação e fabricação de produtos, como cosméticos. O cavalo, por exemplo, pode transportar pessoas e mercadorias.

As abelhas produzem mel e cera na colmeia.

Entretanto, é preciso tomar cuidado, pois muitos animais podem causar prejuízos ao ser humano, transmitindo doenças ou atacando plantações. Veja alguns exemplos.

As lagartas alimentam-se de plantas, podendo causar prejuízos em plantações e hortas.

O rato, muito comum em grandes cidades, é um grande transmissor de doenças.

Algumas serpentes utilizam veneno para paralisar presas ou para se defender. No caso da cascavel, seu veneno pode ocasionar a morte de um ser humano quando atacado.

Muitos animais transmissores de doenças, como ratos e mosquitos, proliferaram-se rapidamente graças às modificações que o próprio ser humano provocou no meio ambiente.

Eles agem dessa forma para se alimentar ou se defender. Portanto, não devemos classificá-los como "bons" ou "maus".

Animais silvestres e animais domesticados

Animais silvestres são aqueles que vivem na natureza, em seu hábitat natural, como o jacaré, o tucano e a onça-pintada.

Animais domesticados são aqueles que foram retirados de seu hábitat natural pelos seres humanos e criados como animais de estimação, como o gato e o cachorro, ou fonte de alimento, como a vaca, a cabra e a galinha.

O tucano é um animal silvestre.

A ovelha é um animal domesticado.

Animais de estimação

Entre os animais domesticados existem os animais de estimação, como cães e gatos.

Devemos cuidar muito bem de nosso animal de estimação. Ele sente fome, frio e pode adoecer como nós. Por isso, devemos vaciná-lo, dar vermífugo, comida apropriada, água limpa e fresca e banhos regulares.

Criança com cachorro.

Leve-o ao veterinário se estiver doente ou comportando-se de modo estranho.

Animais ameaçados de extinção

Você já ouviu falar de dinossauros? Esses animais viveram na Terra, mas foram extintos há cerca de 60 milhões de anos. Toda vez que um tipo de ser vivo deixa de existir, dizemos que foi **extinto**.

Hoje em dia, atividades humanas como caça, pesca, desmatamento e poluição estão colocando muitos seres vivos em risco de extinção.

Para combater essa situação, é preciso proteger a natureza, denunciando desmatamentos, queimadas e venda ilegal de animais silvestres. Outra atitude é não comprar artesanatos que contenham partes de animais silvestres, como as penas.

Veja exemplos de animais brasileiros ameaçados de extinção.

O desmatamento destrói o hábitat de vários seres vivos. Área desmatada para plantação de soja em Itapuã do Oeste, Roraima, 2019.

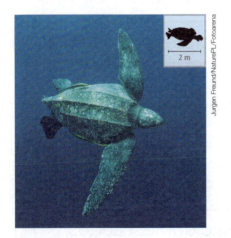

Tartaruga-de-couro.

Muriqui-do-norte.

A ararinha-azul é considerada extinta na natureza.

1 Circule os animais domesticados e pinte os animais silvestres.

2 Forme uma frase correta pintando de mesma cor a parte da direita e a parte correspondente da esquerda. Veja um exemplo e continue.

1. Devemos cuidar muito bem — são causas de risco de extinção.
2. Animais silvestres — em cativeiro.
3. Os dinossauros foram extintos — é preciso proteger a natureza.
4. A caça, a pesca e o desmatamento — de nosso animal de estimação
5. A ararinha-azul existe somente — há cerca de 60 milhões de anos.
6. Para combater a extinção — não são domesticados.

PEQUENO CIDADÃO

Nossa relação com os animais

Você e os colegas conhecerão os 14 direitos dos animais. São direitos garantidos por lei, estabelecidos na Declaração Universal dos Direitos dos Animais. Depois, farão um mural para divulgar os direitos dos animais, para as pessoas entenderem que eles têm direitos, e esses direitos devem ser respeitados.

Cachorro de rua.

1. Junte-se a alguns colegas e formem um grupo. O professor entregará a cada grupo o texto de um dos direitos.
2. Leiam e discutam o texto. Depois, na vez de vocês, leiam em voz alta o direito para a turma.
3. Levem o texto para casa e leiam-no para as pessoas com quem moram. Perguntem a elas se conhecem esse direito e se sabem de algum caso em que ele não é respeitado. Se houver, anotem o que elas disserem e tragam a resposta para a sala de aula.
4. Com o professor, convidem uma pessoa que cuide de animais abandonados ou em situação de sofrimento para vir à escola conversar sobre o assunto.
5. Por fim, com os colegas e o professor, decidam a melhor forma de fazer o mural e de divulgá-lo na escola.

UNIDADE 8
CARACTERÍSTICAS DOS MATERIAIS

Os materiais são diferentes

No cotidiano usamos diferentes materiais. Cada material tem uma utilização adequada para determinada finalidade.

Um bom exemplo disso ocorre na história dos três porquinhos. Você sabe como ela começa? E como termina? De que modo essa narrativa mostra qual é o melhor material para construir uma casa que suporte o ataque do lobo?

Os materiais e seus usos

A variedade dos materiais que usamos é muito grande.

Observe os objetos em destaque na imagem abaixo. Cada um deles é feito com um material diferente.

A escolha do material é importante porque ele precisa ser adequado para a finalidade a que o objeto se destina.

Veja se os objetos mostrados a seguir foram produzidos com os materiais adequados.

Garrafa feita de vidro.

Lata feita de alumínio.

Cachecol feito de lã.

Brinquedo feito de madeira.

Balões feitos de borracha.

- Quais objetos da imagem podem ser feitos de outros materiais?
- Quais desses materiais devem ir para reciclagem depois de utilizados?

Aplicação dos materiais

Seria possível jogar futebol com uma bola feita de vidro? E cozinhar em uma panela de madeira? Cada material tem características próprias, que são adequadas a determinados usos.

O **vidro** é transparente e os líquidos não passam através dele. Por isso, é ideal para ser usado em janelas, garrafas e potes com alimentos.

O vidro é ideal para a construção de aquários.

Alguns **metais**, como o **ferro**, podem adquirir vários formatos e são resistentes a quedas e ao calor. Assim, o ferro é utilizado com sucesso nas construções e na fabricação de inúmeros objetos, como máquinas e panelas.

A **madeira** é um dos materiais mais usados desde os tempos antigos. Ela é resistente e pode adquirir vários formatos. A madeira é usada na construção de casas e na fabricação de móveis, por exemplo.

O **plástico** é muito utilizado porque é leve, durável, não enferruja e pode ser moldado com facilidade. Portanto, é usado para produzir objetos de variados formatos, como embalagens, canos, material escolar, sacos de lixo etc.

Faz muito tempo que canoas e barcos são feitos de madeira, por ser um material resistente e que flutua na água.

Muitos equipamentos de uso no dia a dia, como os computadores, são feitos de plástico.

BRINCANDO DE CIENTISTA

Enferruja ou não enferruja?

Os metais são largamente utilizados em todo o mundo, podendo ser empregados na produção de inúmeros objetos. Mas alguns metais podem sofrer transformação e se deteriorar. Vamos investigar essa situação.

Material:

- dois pregos de ferro e um prego de aço;
- três copos transparentes;
- etiqueta adesiva.

Montagem do experimento.

Modo de fazer

1. Coloque um prego de ferro e um de aço cada um em um copo com água. Depois coloque o outro prego de ferro em um copo sem água.
2. Use as etiquetas para identificar cada prego em seu copo.
3. Deixe os copos em local seguro e observe o que acontece a cada semana, durante um mês.

Agora responda:

- Que mudanças você notou nos pregos mergulhados na água?
- Que mudanças você notou no prego de ferro que estava em ambiente seco?

ATIVIDADES

1 Ligue a descrição do objeto ao material de que ele é feito.

a) Não é possível ver através de mim, mas posso ter várias formas, sou resistente e flutuo na água.

b) Sou leve e impermeável, e posso ter várias formas. Sou utilizado para produzir embalagens e diversos equipamentos.

c) Não é possível ver através de mim e posso adquirir vários formatos; sou resistente a quedas e ao calor. Eu posso enferrujar.

Ferro.

Madeira.

Plástico.

2 Nossa! O lobo está nervoso! Observe a imagem e complete o texto com as palavras a seguir.

tijolos   palha   resistente

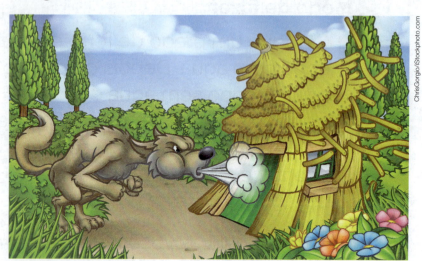

Esta casa foi construída com _____. Esse material não é muito _____. Para ser mais forte, a casa deve ser feita de _____.

Materiais naturais e materiais artificiais

Alguns materiais que utilizamos são retirados diretamente da natureza, ou seja, são os **materiais naturais**. Outros resultam da transformação de materiais naturais e são chamados de **materiais artificiais**.

O natural e o artificial

- Quando um material é retirado da natureza e é utilizado sem ser transformado, ele é classificado como um material de origem natural.
- Por outro lado, há produtos que são originários da transformação de materiais de origem natural. Eles são desenvolvidos após pesquisas e testes em laboratórios, por exemplo. Nesse caso, passam a ser chamados de materiais artificiais.

Meu suco foi feito com quatro laranjas. Ele é natural.

Meu brinquedo é feito de plástico. Ele é artificial.

Minha roupa é feita de uma planta chamada algodoeiro. É um material natural.

Minha jaqueta é produzida com náilon, um material que não existe na natureza. Ele é artificial.

Esta peça é feita de barro. É um produto natural.

Estas lentes são feitas de vidro, que não existe na natureza. É um material artificial.

Conhecendo materiais naturais

Os materiais encontrados na natureza são denominados de materiais naturais. Esses materiais podem ter origem animal, vegetal ou mineral.

Origem vegetal

Muitas plantas são fonte de materiais para uso humano.

A madeira das árvores é utilizada na construção de casas e na fabricação de móveis.

O algodão, que vem do algodoeiro, é utilizado para fazer roupas.

Com a farinha feita das sementes do trigo fazemos o pão.

A palha de diversas plantas é utilizada para produzir chapéus.

Origem animal

Alguns materiais utilizados pelos seres humanos no dia a dia têm origem animal, como lã e couro.

Da ovelha retiramos a lã, utilizada para fazer roupas.

O couro do boi é utilizado para fazer sapatos e outros acessórios, como cintos.

Origem mineral

São muitos os materiais de origem mineral, como os metais e as rochas.

O ouro, utilizado para fazer joias, é um metal retirado do solo.

O mármore é uma rocha utilizada por artistas para fazer esculturas.

Conhecendo materiais artificiais

Os materiais artificiais são aqueles que não existem na natureza. Eles são criados pelos seres humanos. Há muito tempo as pessoas criam esses produtos, por exemplo, o papel, que é feito de partes da madeira (celulose) e produtos químicos.

O plástico

O petróleo e outros componentes químicos são misturados para dar origem a vários tipos de plásticos e derivados deles. São usados no mundo todo em uma infinidade de objetos, pois são leves, adquirem qualquer forma e cor e impedem que os líquidos passem através deles.

Os plásticos, por serem fáceis de moldar, são utilizados para fazer uma grande variedade de objetos, como brinquedos, garrafas, pratos e talheres.

Ilustrações: Lucas Busatto

As ligas metálicas

Alguns metais são misturados a outros elementos que podem lhes conferir certas qualidades, como maior dureza ou resistência contra a ferrugem. Essa mistura gera materiais que não existem na natureza.

Talheres podem ser feitos com uma liga de ferro, cromo e níquel.

Esculturas podem ser feitas com uma liga de cobre e estanho.

Os medicamentos

A maioria dos medicamentos utilizados são misturas de vários componentes, e isso resulta em um produto artificial, ou seja, que não existe na natureza.

Remédios como os xaropes, os antibióticos ou mesmo as vitaminas que tomamos, bem como as vacinas, são produzidos em laboratórios.

Os materiais e a indústria

Os materiais naturais passam por processos industriais para dar origem aos muitos objetos que utilizamos no dia a dia. Nesse caso, os materiais naturais são chamados de **matéria-prima**.

Quando a matéria-prima passa por pouca modificação, dizemos que ela será manufaturada. Este é o caso do processo que faz o vegetal algodão virar uma peça de roupa.

Esquema de transformação do algodão em roupa.

Quando as matérias-primas dão origem a materiais artificiais, dizemos que elas são transformadas. Este é o caso da produção do vidro.

O vidro é formado pela mistura de areia com outros materiais.

Esses materiais são misturados e vão para um forno em alta temperatura.

O material derretido é colocado em um molde, e o vidro se solidifica no formato desejado.

ATIVIDADES

1 Contorne cada objeto de acordo com o que indicam as legendas de cores. Depois, escreva na linha indicada se ele é feito de material **natural** ou **artificial**.

- 🟠 plástico
- 🟢 tecido de algodão
- 🟣 metal
- 🟤 barro
- 🩷 poliestireno
- ⚪ liga metálica

a) tijolo
_____

b) baldinho de praia
_____

c) toalha
_____

d) chave de ferro
_____

e) caixa de poliestireno
_____

f) panela de aço inoxidável
_____

2 Observe a obra do pintor holandês Vincent van Gogh, a seguir. Use-a como modelo para pintar a ilustração.

Qual é a origem dos materiais naturais mostrados na tela: **vegetal**, **animal** ou **mineral**?

BRINCANDO DE CIENTISTA

Se deixarmos os materiais abaixo expostos ao Sol, qual você acha que se aquecerá mais rapidamente?

Material:
- uma porção de areia;
- uma porção de solo;
- água;
- 3 copos ou frascos;
- um pedaço de tecido branco e outro de tecido preto;
- 3 termômetros de ambiente.

Material para o experimento.

Modo de fazer
1. Em um dia ensolarado, coloquem areia no primeiro frasco, solo no segundo frasco e água no terceiro frasco.
2. Com o professor, coloquem um termômetro em cada frasco e meçam a temperatura dos materiais de cada frasco. Anotem as medidas no caderno.
3. Deixem os copos sob o Sol por 20 minutos.
4. Depois, meçam novamente as temperaturas e anotem.
5. Segurem os copos para sentir se algum deles está mais quente. Anotem qual.
6. Comparem as temperaturas inicial e final.
7. Repitam os procedimentos com os pedaços de tecido.

Agora responda:
- Por que os materiais se aqueceram?
- Qual material absorve calor mais rapidamente?
- Para que serve o termômetro de ambiente?

ATIVIDADES

1 Analise os objetos que você usa na escola. Aponte em que parte deles estão os materiais indicados a seguir.

> borracha   metal   grafite   tinta
> papel   madeira   plástico

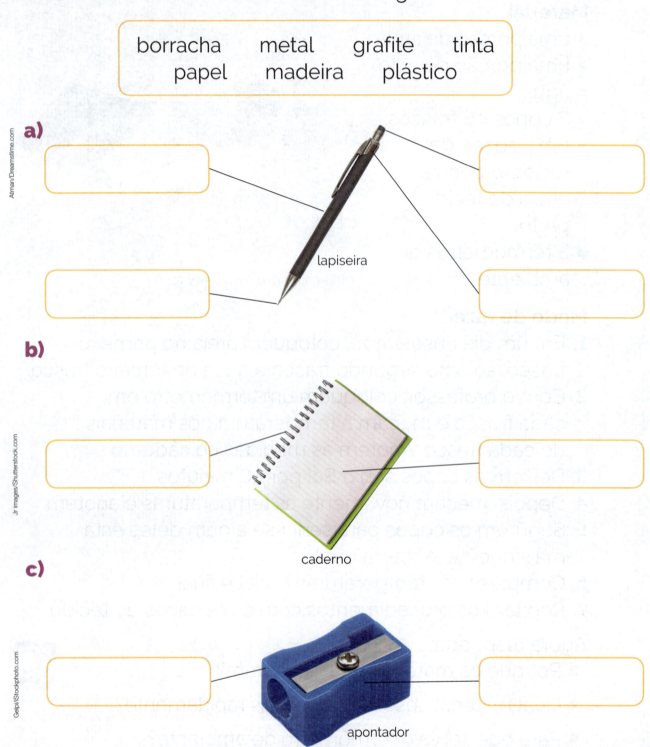

a) lapiseira

b) caderno

c) apontador

d)

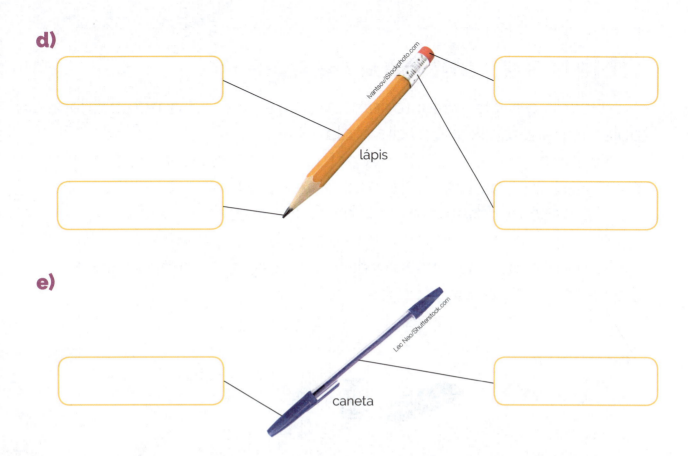

lápis

e)

caneta

2 Analise os dois assentos abaixo. Depois responda às questões.

a)   **b)**

- Qual assento está mais relacionado à pré-história entre os dois mostrados? Justifique sua resposta.

_____

- Qual dos dois objetos é feito de mais de um material? Que materiais são esses?

_____

Objetos de ontem e de hoje

Desde o início da história humana, as pessoas estão criando objetos para facilitar seu dia a dia.

O ser humano é criativo e está sempre melhorando a produção de objetos, utilizando novos materiais, por exemplo.

A busca por melhorar os objetos que usamos está relacionada com o desenvolvimento da **tecnologia**.

Veja a seguir alguns exemplos de objetos como eram no passado e como são atualmente.

Caneta tinteiro – Antigamente para escrever eram necessários um pote de tinta e uma caneta bico de pena. Essa pena era mergulhada na tinta, e então era possível escrever. Infelizmente a pessoa sempre sujava a mão ou o papel borrava.

Caneta atual – Atualmente a tinta já vem dentro da caneta e a sujeira é menor.

Garrafa de leite – Antigamente, nas cidades, os leiteiros entregavam o leite de casa em casa em garrafas de vidro. O problema é que essa embalagem não conservava o leite por muito tempo, e várias garrafas se quebravam com frequência.

Caixinha de leite – Também chamada de embalagem longa vida, ela é desenvolvida com alta tecnologia. É leve, não quebra e possibilita que o leite dure mais tempo sem se estragar.

GLOSSÁRIO

Tecnologia: é o conjunto de conhecimentos aplicados para criar algo, fazer algo de maneira diferente ou aperfeiçoar ferramentas, por exemplo.

Bola de futebol profissional de couro – Esta era a bola utilizada no início da prática do futebol. Elas eram feitas de couro, com costuras, e absorviam água da chuva, chegando a pesar o dobro do peso normal.

Bola de futebol profissional atual – Ela é feita com material artificial, tem o peso ideal para garantir melhor trajetória do chute e não absorve água.

Cano de ferro – Durante bastante tempo os canos de ferro eram usados para conduzir água. A vantagem do ferro é que ele é resistente e pode ser dobrável, porém enferruja.

Cano feito de PVC – O PVC é um tipo de plástico que tem sido muito utilizado hoje em dia. Esse material também é resistente, pode ser dobrável, é mais leve que o ferro e não enferruja.

Telefone antigo – Os telefones antigos eram feitos de metal e madeira. Eram ligados por cabos a uma central telefônica, e para fazer uma ligação era necessário primeiramente pedir a chamada nessa central telefônica.

Telefone celular – Com a chegada dos telefones celulares, esses aparelhos ficaram livres de cabos, podendo ser levados para todos os lugares. Com eles, podemos tirar boas fotos e acessar a internet.

Primeira bicicleta – Acredite, os primeiros modelos eram assim: de madeira e sem pedal! A pessoa usava os pés para dar impulso e fazê-la se mover. E com os pés no chão também se freava.

Bicicleta atual – É bem diferente da antiga. Ainda bem! É feita com ligas metálicas resistentes, tem acento mais confortável, freios no guidão, pneus de borracha e pedais que facilitam sua locomoção.

PESQUISANDO

Como era antigamente?

Você provavelmente não conhece muitos objetos antigos, como os apresentados anteriormente, mas pessoas mais velhas talvez os conheçam.

Seus pais, avós, tios, vizinhos idosos talvez tenham visto e usado alguns utensílios antigos que foram aperfeiçoados e atualmente são feitos com outros materiais.

Converse com pessoas mais velhas – como seus responsáveis e outras pessoas que você conhece – sobre objetos do passado. Você pode ter algumas surpresas.

"Vovó, então era assim que a senhora batia o bolo antes de inventarem a batedeira elétrica?"

Sugestões de perguntas:
- Como as pessoas passavam roupa antes dos ferros de passar elétricos?
- Em que aparelhos as pessoas ouviam música antes de haver a internet?
- Como as casas eram iluminadas à noite antes da instalação de luz elétrica?
- Antes de existir a espuma, com o que eram preenchidos os colchões e travesseiros?

Observe os objetos a seu redor e crie outras perguntas interessantes sobre o tema.

ATIVIDADES

Junte-se a um colega, observe as imagens e ligue corretamente os objetos que eram comuns no passado à versão atual de cada um deles.

Passado   **Presente**

Boneca de porcelana.

Smartphone.

Relógio de sol.

Ferro de passar roupa.

Carruagem.

Relógio digital.

Ferro de passar roupa.

Automóvel.

Toca-discos.

Boneca de plástico.

BRINCANDO

A dona Zezé tem muita coisa na casa dela! O problema é que quando ela precisa de algo, não encontra.

Vamos ajudar a dona Zezé a encontrar os objetos indicados no quadro abaixo.

1 objeto de palha	3 objetos de metal
1 objeto de vidro	1 objeto de borracha
2 objetos de couro	2 objetos de papel

BRINQUE MAIS

1 Pinte o ambiente de acordo com a legenda.

2 Use seu sentido da visão e encontre quatro plantas usadas na nossa alimentação.

- Agora desenhe no quadro ao lado a planta que você mais gosta de comer e indique qual é a parte dela que você come.

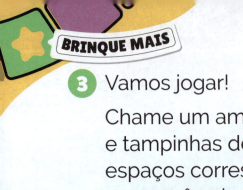

3 Vamos jogar!

Chame um amigo para brincar. Você precisará de um dado e tampinhas de garrafa como peão. Jogue o dado e ande os espaços correspondentes. Siga as orientações do espaço em que você caiu. Vence quem chegar primeiro.

4 Encontre as cinco diferenças entre as cenas abaixo.